MULTIPLE-CHOICE-FIBEL

Ulrich Paasch

MULTIPLE CHOICE X FIBEL

Aufgabenentwicklung und Qualitätssicherung

 tredition®

© 2015 Ulrich Paasch

Verlag: tredition GmbH, Hamburg

ISBN: 978-3-7323-4186-3

Bibliografische Information der Deutschen Nationalbibliothek:
Die Deutsche Nationalbibliothek verzeichnet diese Publikation in der Deutschen Nationalbibliografie; detaillierte bibliografische Daten sind im Internet über http://dnb.d-nb.de abrufbar.

Inhalt

1 Einleitung

Die Multiple-Choice-Fibel ist als kurzer Praxisleitfaden für Aufgabenentwicklung und Qualitätssicherung angelegt. „Multiple-Choice" wird hier als Sammelbegriff für Aufgabentypen mit vorgegebenen Lösungsoptionen verstanden, also für Einfachwahl-, Mehrfachwahl-, Zuordnungs- und Sortieraufgaben. Sie werden auch als gebundene Aufgaben bezeichnet – im Gegensatz zu ungebundenen, deren Lösungen frei zu formulieren sind.

Das Wort „Test" steht im Folgenden für schriftliche Tests, Klausuren und Prüfungsarbeiten jeder Art. Schülerinnen und Schüler, Auszubildende, Studentinnen und Studenten sowie alle anderen Menschen, die an Tests teilnehmen, werden Testpersonen genannt.

Multiple-Choice-Aufgaben haben drei wesentliche Vorteile gegenüber ungebundenen, in Textform zu lösenden:

→ Schnelle und mühelose Auswertung

→ Uneingeschränkte Auswertungsobjektivität

→ Unabhängigkeit vom schriftsprachlichen Ausdrucksvermögen

Die Entwicklung guter Multiple-Choice-Aufgaben ist aber nicht ganz einfach. Der Arbeitsaufwand ist durchweg etwas höher als bei ungebundenen Aufgaben, denn neben den eigentlichen Aufgabenstellungen sind ja auch noch die Lösungsoptionen zu formulieren.

Dieser kurze Leitfaden enthält weder Geheimtipps noch einfache Patentrezepte zum mühelosen Erstellen von Multiple-Choice-Aufgaben. Vorrangiges Ziel ist hohe Qualität. Wer sich darauf einlässt, lädt sich zunächst noch etwas zusätzliche Arbeit auf – nicht nur bei der Aufgabenentwicklung, sondern darüber hinaus bei der regelmäßigen Evaluation der verwendeten Aufgabensätze.

Die Qualität von Multiple-Choice-Aufgaben hängt ganz wesentlich von den Lösungsoptionen ab, insbesondere von den Distraktoren, also den nicht zutreffenden Optionen. Es kommt darauf an, Fehler und Mängel zu vermeiden, die Multiple-Choice-Aufgaben allzu oft den schlechten Ruf anspruchsloser „Quizfragen" eintragen, deren Lösung weder Wissen, Verständnis noch Anwendungsfähigkeit erfordert, sondern allenfalls etwas Testschlauheit *(Test-Wisenesss)*.

Am Beginn der Aufgaben- und Testentwicklung steht in jedem Fall die Frage nach den Inhalten: Welche Aspekte des jeweiligen Themengebiets sollen Gegenstände der Aufgaben sein? Diese Frage lässt sich nur für den je konkreten Einzelfall beantworten und wird deshalb in diesem Buch nicht behandelt. Sie ist auch nicht spezifisch für Multiple-Choice-Tests, sondern gilt gleichermaßen für Tests mit ungebundenen Aufgaben.

Die Beispiele in den folgenden Abschnitten stammen zwar ausnahmslos aus dem wirtschafts- und sozialkundlichen Bereich. Regeln und Hinweise für Aufgabenentwicklung und Qualitätssicherung gelten aber selbstverständlich nicht nur für wirtschafts- und sozialkundliche Inhalte, sondern für alle Fachgebiete.

Die Erstellung und Durchführung von Multiple-Choice-Tests mittels Software wird in diesem Buch nicht explizit thematisiert. Regeln und Hinweise zu Aufgabenentwicklung und Qualitätssicherung sind durchweg an keine technische Form gebunden. Die Hinweise zu Typografie und Layout von Aufgabensätzen sowie zur Testwertung in den Abschnitten 9.4 und 9.5 beschränken sich allerdings auf die Papierform. Diskussion von Vor- und Nachteilen der digitalen Form sowie umfassende Untersuchung und Darstellung von Stärken und Schwächen unterschiedlicher Programme hätten den thematischen Rahmen dieses kurzen Leitfadens gesprengt.

2 Testqualität

2.1 Qualitätskriterien

Wesentliche Qualitätsanforderungen an Tests jeder Art sind Objektivität, Reliabilität und Validität. Diese Kriterien wurden zwar ursprünglich für psychologische Tests entwickelt, sind aber sinngemäß auch auf andere Tests anwendbar.

→ Ein Test ist objektiv, wenn seine Ergebnisse nicht von den Personen beeinflusst werden, die den Test durchführen, aus- und bewerten.

→ Ein Test ist reliabel (zuverlässig), wenn er objektiv ist und seine Ergebnisse frei von Messfehlern – insbesondere Zufallsfehlern – sind.

→ Ein Test ist valide (gültig), wenn er reliabel ist und genau die (und nur die) Eigenschaften misst, die gemessen werden sollen.

Weiteres Kriterium ist die Testökonomie, also das (möglichst günstige) Verhältnis von Nutzen und Aufwand. Da Klassenarbeiten und Prüfungen im Regelfall obligatorisch sind und ihr Nutzen nicht hinterfragt wird, geht es hier vor allem um den Aufwand bei Vorbereitung, Durchführung, Aus- und Bewertung.

2.2 Objektivität

Bei der Frage nach der Objektivität eines Tests kann zwischen Durchführungs-, Auswertungs- und Interpretationsobjektivität unterschieden werden.

→ Durchführungsobjektivität bedeutet vor allem, dass die Ergebnisse nicht durch Interaktionen zwischen Testleiter(inne)n und Testpersonen beeinflusst werden. Das lässt sich bei schriftlichen Tests – unabhängig von der Art der Aufgaben – ohne größere Schwierigkeiten sicherstellen.

→ Auswertungsobjektivität ist gegeben, wenn keine Ermessensspielräume vorhanden sind, mehrere Auswerter(innen) also unabhängig voneinander zu gleichen Ergebnissen (Punkt- oder Prozentzahlen) kommen. Das ist bei Multiple-Choice-Tests uneingeschränkt der

Fall, während bei ungebundenen Aufgaben mit kleineren oder größeren Abweichungen zu rechnen ist, insbesondere bei unvollständigen oder teilweise fehlerhaften Lösungen. Die Ergebnisse dürften in der Regel umso stärker differieren, je umfangreicher der auszuwertende Text ist, bei Aufsätzen also erheblich stärker als bei Kurzlösungsaufgaben.

→ Interpretationsobjektivität liegt vor, wenn gleiche Auswertungsergebnisse gleich bewertet werden, also gleiche Werte auf der Notenskala von 1 bis 6 oder der Punkteskala von 15 bis 0 ergeben. Sie lässt sich bei jedem Testtyp sicherstellen, indem einheitliche, verbindliche Bewertungsschlüssel verwendet werden.

Multiple-Choice-Tests sind also uneingeschränkt objektiv, wenn sie korrekt und fehlerfrei durchgeführt, aus- und bewertet werden. Bei Tests mit ungebundenen Aufgaben ist die Auswertungsobjektivität in jedem Fall eingeschränkt.

2.3 Reliabilität

Eine häufig geäußerte Kritik an Multiple-Choice-Tests lautet, dass auch beim wahllosen Ankreuzen immer einige richtige Lösungen getroffen würden. Mit etwas Glück könnten auf diese Weise sogar Prüfungen bestanden oder ausreichende Bewertungen in Klassenarbeiten erreicht werden.

In der Tat lassen sich zufallsbedingte Messfehler aufgrund von Glückstreffern bei Multiple-Choice-Tests nicht vollständig ausschließen. Wer Aufgaben mangels Wissen nicht lösen kann und deshalb Lösungsoptionen aufs Geratewohl ankreuzt, landet mit berechenbarer Wahrscheinlichkeit einige Glückstreffer. Es kommt also darauf an, Aufgaben und Tests so zu gestalten, dass die Wahrscheinlichkeiten von Glückstreffern und ihr Einfluss auf das Gesamtergebnis möglichst gering sind.

Gelegentliche Glückstreffer sind auch bei ungebundenen Aufgaben nicht ganz auszuschließen, insbesondere bei Kurzlösungsaufgaben. Ihre Wahrscheinlichkeiten lassen sich allerdings nicht berechnen. Glückstrefferproblem und daraus zu ziehende Konsequenzen werden ausführlich in Abschnitt 11 untersucht.

2.4 Validität

Bei der Frage nach der Validität von Tests geht es zunächst um Inhalte. Wenn zum Beispiel der Lernerfolg am Ende einer Unterrichtssequenz gemessen werden soll, müssen die Aufgaben einen Querschnitt der Inhalte eben dieser Unterrichtssequenz repräsentieren. In beruflichen Abschlussprüfungen sollten die Aufgaben den Kanon des jeweiligen Prüfungsfachs zwar stichprobenartig, aber zumindest annähernd repräsentativ abbilden. Unverhältnismäßig schwierige, spitzfindige, im äußeren Randbereich oder gar außerhalb des jeweiligen Themengebiets liegende Aufgabenstellungen schränken die Validität ebenso ein wie das vollständige Fehlen großer Teilgebiete.

Kein Test ist absolut valide – Testergebnisse werden auch durch Faktoren beeinflusst, die normalerweise nicht gemessen werden sollen. Insbesondere die individuell unterschiedlich starke Beeinträchtigung durch Prüfungsstress fließt in jedem Fall in das Testergebnis ein. Hier lässt sich nur gegensteuern, indem Stress mindernde Einflüsse genutzt und Stress verstärkende so weit wie möglich reduziert werden. Tests sollten zum Beispiel niemals mit besonders anspruchsvollen Aufgaben beginnen, sondern mit verhältnismäßig leicht zu lösenden Eisbrecheraufgaben.

Ungebundene Aufgaben messen immer auch die Fähigkeit, sich korrekt, gewandt und ausreichend schnell in geschriebener Sprache auszudrücken – Defizite des schriftsprachlichen Ausdrucksvermögens führen regelmäßig zu schlechteren Testergebnissen. Dabei geht es nicht nur um orthografische, grammatikalische oder stilistische Schwächen. Schriftsprachliche Defizite können vielmehr dazu führen, dass es Testpersonen nicht gelingt, ihr Wissen innerhalb der vorgegebenen Bearbeitungszeit vollständig in eindeutige, verständliche Formulierungen umzusetzen. Wenn Vorhandensein, Verständnis und Fähigkeit zur Anwendung sach- oder fachkundlichen Wissens gemessen werden sollen, ist also die Validität von Tests mit ungebundenen Aufgaben in jedem Fall eingeschränkt.

Kritik an Multiple-Choice-Tests bezieht sich häufig explizit oder implizit auf ihre Validität. Oft zielt die Kritik allerdings gar nicht auf den Testtyp schlechthin, sondern auf schlechte Aufgabenqualität. Wesentliche Kritikpunkte sind Beschränkung auf reine Wissensreproduktion, fehlende Unterscheidung zwischen aktivem und passivem Wissen sowie Messung von Testschlauheit *(Test-Wiseness)*.

Reproduktion erlernten Wissens ist zwar nicht per se unsinnig oder irreführend – wer Unterrichtsstoff verstanden hat, wird auch bei reiner Reproduktion durchweg bessere Ergebnisse erzielen als Testpersonen, die unverstandene Begriffe, Definitionen oder Merksätze auswendig gelernt haben. Wenn es jedoch um die direkte Messung von Verständnis und Fähigkeit zur Anwendung erlernten Wissens geht, muss der Test entsprechende Aufgaben enthalten.

Die Entwicklung solcher Aufgaben ist möglich, aber nicht ganz einfach. Dabei werden allerdings auch Grenzen deutlich: Umfangreiche Erörterungen mit Abwägungen von Pro- und Kontra-Argumenten lassen sich nicht auf den Umfang von Multiple-Choice-Aufgaben reduzieren. Diese Einschränkung gilt aber gleichermaßen für ungebundene Kurzlösungsaufgaben. Mehr dazu in Abschnitt 8.

Durch die Vorgabe von Lösungsoptionen kann passives Wissen ausreichen, um intuitiv richtige Lösungen zu identifizieren oder unzutreffende Optionen (Distraktoren) auszuschließen. Das dürfte allerdings nur auf vergleichsweise schlichte „Vokabelaufgaben" zutreffen, die sich auf das Abfragen von Begriffen oder kurzen Definitionen beschränken. Wenn es um Verstehen und Anwendung geht, reicht passives Wissen nicht aus. Entscheidend ist die Aufgabenqualität: Distraktoren müssen ähnlich plausibel erscheinen wie richtige Lösungen, dürfen also nicht schon auf den ersten Blick „falsch aussehen". Denn dann ist oft noch nicht einmal passives Wissen nötig, sondern nur etwas Testschlauheit.

Testschlauheit oder Testgewitztheit *(Test-Wiseness)* kommt im Wesentlichen in zwei Konstellationen zum Tragen:

→ Aufgaben enthalten versteckte oder offensichtliche Cues (Winke, Fingerzeige), die ihre Lösung erheblich erleichtern oder es sogar völlig kenntnislosen, aber testschlauen Testpersonen ermöglichen, die richtigen Lösungsoptionen zu wählen.

→ Inhaltliche oder formale Mängel erschweren das Verständnis der Aufgaben und die Wahl der Lösungen. Dazu gehören zum Beispiel übermäßig ausführliche oder sogar in die Irre führende Situationsbeschreibungen, unklar oder mehrdeutig formulierte Fragestellungen, häufiger Wechsel zwischen zahlreichen Aufgabentypen und -varianten sowie chaotisches Layout der Testblätter.

Einschränkung der Validität durch Messung von Testschlauheit lässt sich also weitgehend ausschließen, indem diese Mängel bei der Testentwicklung vermieden werden.

2.5 Testökonomie

Bei der Frage nach der Testökonomie wird zwischen Entwicklungs-, Durchführungs- und Auswertungsaufwand unterschieden.

→ Die Entwicklung von Multiple-Choice-Aufgaben ist aufwendiger als die Entwicklung ungebundener Aufgaben. Insbesondere die Lösungsoptionen erfordern besondere Sorgfalt, um Einschränkungen der Validität durch ungewollte Cues zu vermeiden.

→ Beim Durchführungsaufwand gibt es keinen wesentlichen Unterschied. Nur die Zeitvorgabe für die Bearbeitung von Multiple-Choice-Tests kann in der Regel geringer angesetzt werden als bei Tests mit ungebundenen Aufgaben, was unter Umständen auch die Terminplanung erleichtert.

→ Die Auswertung von Multiple-Choice-Tests erfordert erheblich weniger Zeit- und Arbeitsaufwand als die Auswertung ungebundener Aufgaben.

Ob die Testökonomie insgesamt günstiger oder ungünstiger ausfällt, hängt vor allem von der Zahl der Testpersonen ab. Bei bundeseinheitlichen beruflichen Prüfungen mit Tausenden von Teilnehmer(inne)n fällt der höherere Entwicklungsaufwand kaum ins Gewicht. Bei Klassenarbeiten dürfte dagegen der höhere Entwicklungs- den geringeren Auswertungsaufwand mindestens kompensieren. Die schnelle Auswertung bleibt aber von Vorteil, wenn zum Beispiel Klassenarbeiten rasch zurückgegeben werden sollen oder Zeugniskonferenzen unmittelbar vor der Tür stehen.

3 Einfachwahlaufgaben

3.1 Positive Einfachwahl

3.1.1 Überblick

Positive Einfachwahl ist der mit großem Abstand häufigste Aufgabentyp. Aufgaben dieses Typs bestehen aus positiv, also unverneint formulierter Aufgabenstellung (Aufgabenstamm) und vier oder besser fünf Lösungsoptionen. Die einzig richtige ist von der Testperson auszuwählen und anzukreuzen.

Stärke dieses Aufgabentyps ist seine Einfachheit – sowohl bei der Testdurchführung als auch bei der Auswertung. Testpersonen verstehen das Prinzip ohne lange Erklärung, selbst wenn sie noch nie an einen Multiple-Choice-Test teilgenommen haben. Bei der Auswertung gibt es nur zwei Möglichkeiten: Eine Aufgabe ist richtig gelöst, wenn nur die richtige Option angekreuzt ist; sie ist nicht richtig gelöst, wenn keine, eine falsche oder mehr als eine Option angekreuzt ist.

3.1.2 Formulierung des Aufgabenstamms

Der Aufgabenstamm wird im einfachsten Fall als positiver Fragesatz oder unvollständiger, positiver Aussagesatz formuliert, der durch die richtige Lösungsoption beantwortet bzw. ergänzt wird (vgl. Beispiele 1 und 2 auf der folgenden Seite).

Die Aufgabenstellung ist sprachlich einfach, eindeutig und der Zielgruppe angemessen zu formulieren. Lange Schachtelsätze mit eingeschobenen Erläuterungen oder Bedingungen sollten vermieden werden. Missverständliche oder mehrdeutige Formulierungen und Fangfragen oder Fallen, die falsche Lösungen provozieren, sind nicht nur unfair gegenüber den Testpersonen, sondern schränken auch die Validität ein. Testgegenstände sollen ja Vorhandensein, Verständnis und Anwendung fachbezogenen Wissens sein, nicht aber erfolgreicher

Umgang mit nachlässig oder bewusst irreführend formulierten Aufgabenstellungen.

Wenn sich die Aufgabe nicht in einem kurzen Satz unterbringen
lässt, wird der eigentlichen Aufgabenstellung eine Vignette vorangestellt (vgl. Beispiel 3, folgende Seite). Auch die Vignette sollte möglichst
knapp formuliert sein und nur Informationen enthalten, die zum Verständnis der Aufgabe und als Grundlage zu ihrer Lösung erforderlich
sind. Irrelevante Informationen sind nur ausnahmsweise sinnvoll,
wenn mit der Aufgabe auch die Fähigkeit geprüft werden soll, relevante
Fakten aus einer größeren Informationsmenge herauszufiltern.

In den Beispielen 1 und 2 sind keine Vignetten nötig. Frage- bzw.
unvollständiger Aussagesatz enthalten alles Wesentliche und bedürfen

---

Beispiel 1 – Aufgabenstamm als Fragesatz

Welche Rechtsgebiete regelt das Zehnte Buch des Sozialgesetzbuchs?

① Beiträge und Leistungen der gesetzlichen Rentenversicherung

② Grundsätze des Leistungsrechts und Mitwirkung der
Leistungsberechtigten

③ Grundsicherung für Arbeitsuchende und Arbeitsförderung

④ Rehabilitation und Teilhabe behinderter Menschen

⑤ Sozialverwaltungsverfahren und Sozialdatenschutz

(Lösung: 5)

Beispiel 2 – Aufgabenstamm als zu ergänzender Aussagesatz

Das Zehnte Buch des Sozialgesetzbuchs regelt …

① Beiträge und Leistungen der gesetzlichen Rentenversicherung.

② Grundsätze des Leistungsrechts und Mitwirkung der
Leistungsberechtigten.

③ Grundsicherung für Arbeitsuchende und Arbeitsförderung.

④ Rehabilitation und Teilhabe behinderter Menschen.

⑤ Sozialverwaltungsverfahren und Sozialdatenschutz.

(Lösung: 5)

---

keiner weiteren Erläuterung. Gelegentlich werden auch solche schlichten Aufgabenstellungen durch Vignetten „angereichert", um auf das Thema einzustimmen oder Praxisbezug herzustellen.

Zum Beispiel so:

> Das Sozialgesetzbuch ist ein umfangreiches, 1975 begonnenes Gesetzgebungswerk, mit dem das bis dahin über viele Gesetze verstreute und sehr unübersichtliche Sozialrecht der Bundesrepublik Deutschland zusammengefasst wird. Es besteht heute aus zwölf Teilen, die als Bücher bezeichnet werden.

Oder so:

> Sie arbeiten als Sachbearbeiter(in) in der Personalabteilung eines mittelständischen Dienstleistungsunternehmens. Eines Tages erhalten Sie ein Schreiben der Deutschen Rentenversicherung Bund, das u. a. auf das Zehnte Buch des Sozialgesetzbuchs Bezug nimmt.

Vignetten dieser Art sind so überflüssig wie Kopfschmerzen. Anstatt lösungsrelevante Fakten zu liefern, lenken sie eher von der eigentlichen Aufgabenstellung ab. Das Lesen kostet Zeit, die besser zum Nachdenken über die richtige Lösung genutzt werden sollte.

Die Hintergrundinformationen zum Sozialgesetzbuch im ersten Beispiel sind zwar durchaus interessant, gehören jedoch nicht in einen Test, sondern in Unterricht, Vorlesung oder Lehrbuch. Im zweiten Beispiel steckt sogar eine kleine Falle: Die ausdrückliche Nennung der

---

Beispiel 3 – Aufgabenstamm mit Vignette

Eine 45-jährige Arbeitslose war vor dem Verlust ihre Arbeitsplatzes fünf Jahre lang ununterbrochen sozialversicherungspflichtig beschäftigt.

Für welche Zeitdauer hat sie Anspruch auf Arbeitslosengeld?

① 6 Monate

② 12 Monate

③ 18 Monate

④ 24 Monate

⑤ 30 Monate

(Lösung: 2)

Deutschen Rentenversicherung in der Vignette kann dazu verführen, spontan die erste Lösungsoption (Beiträge und Leistungen der gesetzlichen Rentenversicherung) anzukreuzen.

In Beispiel 3 stehen nur die zur Lösung der Aufgabe erforderlichen Bedingungen (Alter und Dauer der sozialversicherungspflichtigen Beschäftigung) in der Vignette. Diese Angaben lassen sich zwar auch im Fragesatz unterbringen, der dann aber recht lang und etwas unübersichtlich wird. Aufteilung in Situationsbeschreibung (Fall- oder Problemvignette) und Fragesatz ist hier die bessere Vorgehensweise.

3.1.3 Fokussierung der Aufgabenstellung

Die Aufgabenstellung soll gut fokussiert sein, sich also auf einen klar definierten, eng eingegrenzten Inhalt konzentrieren und möglichst eindeutig auf die als richtig vorgesehene Lösungsoption zielen. Optimal fokussierte Aufgaben erfüllen zwei Bedingungen:

1. Die Aufgabe ist auch ohne Kenntnis der Lösungsoptionen sinnvoll, verständlich und lösbar. Der Aufgabenstamm könnte auch als ungebundene Kurzlösungsaufgabe verwendet werden.
2. Neben der als richtig vorgesehenen Lösungsoption sind keine weiteren, inhaltlich ebenfalls richtigen Lösungen denkbar. Zutreffende Lösungsoption und frei formulierte Lösung bei Verwendung des Aufgabenstamms als ungebundene Kurzlösungsaufgabe stimmen inhaltlich überein.

Die Beispiele 1 bis 3 zeigen optimal fokussierte Aufgaben, die auch als ungebundene Kurzlösungsaufgaben funktionieren würden. Neben der jeweils als richtig vorgesehenen Lösungsoption sind keine inhaltlich anderen, ebenfalls zutreffenden Lösungen vorstellbar.

Optimal fokussierte Einfachwahlaufgaben sind nicht ganz einfach zu entwickeln. Während sich die erste Bedingung meist ohne Probleme erfüllen lässt, kann es bei der zweiten schwierig werden. Auch ungebundene Kurzlösungsaufgaben zielen ja nicht immer auf eine einzige Lösung, sondern können durchaus mehrere, gleichermaßen richtige Lösungen zulassen.

Wenn die Aufgabenstellung nicht eindeutig auf eine einzig richtige Lösung zielt, sollte eine der folgenden Bedingungen erfüllt sein:

→ Neben der als richtig vorgesehenen Lösungsoption gibt es nur eine, höchstens zwei ungenannte, alternative Lösung(en). Von kundigen Testpersonen ist zu erwarten, dass ihnen alle denkbaren Lösungen bekannt sind.

→ Die als richtig vorgesehene Option ist die qualitativ oder quantitativ wichtigste, bedeutendste aller denkbaren Lösungen, würde also von den meisten kundigen Testpersonen auch ohne Kenntnis der Lösungsoptionen zuerst genannt werden.

In Beispiel 4 ist neben der richtigen Lösungsoption (Offene Handelsgesellschaft) eine weitere, ebenfalls richtige Lösung möglich (Gesellschaft bürgerlichen Rechts, auch BGB-Gesellschaft genannt). Die Aufgabe ist in Ordnung, weil es nur eine alternative, nicht genannte Lösung

---

Beispiel 4 – nicht optimal fokussiert, aber in Ordnung

Bei welcher Rechtsform haften alle Gesellschafter unbeschränkt für Verbindlichkeiten des Unternehmens?

① Aktiengesellschaft

② Genossenschaft

③ Kommanditgesellschaft

④ Offene Handelsgesellschaft

⑤ Unternehmergesellschaft

(Lösung: 4)

Beispiel 5 – nicht optimal fokussiert, aber in Ordnung

Zu den Trägern der gesetzlichen Unfallversicherung nach dem Siebten Buch des Sozialgesetzbuchs gehören die …

① Arbeitsagenturen.

② Berufsgenossenschaften.

③ Innungskassen.

④ Landesversicherungsanstalten.

⑤ Versicherungsämter.

(Lösung: 2)

---

gibt und von kundigen Testpersonen erwartet werden kann, dass sie die beiden Rechtsformen ohne Haftungsbeschränkung kennen.

In Beispiel 5 gibt es zwar eine größere Anzahl alternativer Lösungen neben der als richtig vorgesehenen Option (Berufsgenossenschaften). Die Liste der Unfallversicherungsträger im Siebten Buch des Sozialgesetzbuchs umfasst neun Ziffern (§ 114 Abs. 1). Die Aufgabenstellung ist dennoch in Ordnung, denn die Berufsgenossenschaften sind die bekanntesten und nach Zahl der Versicherten mit großem Abstand wichtigsten Träger der gesetzlichen Unfallversicherung in Deutschland.

In Beispiel 6 ist die als richtig vorgesehene Lösungsoption dagegen nur ein willkürlich gewähltes Beispiel. § 87 Abs. 1 des Betriebsverfassungsgesetzes enthält eine Liste mit 13 mitbestimmungspflichtigen sozialen Angelegenheiten, wobei die Festlegung von Beginn und Ende der täglichen Arbeitszeit keineswegs wichtiger oder bedeutender ist als alle übrigen.

Die Aufgabenstellung ist unzureichend fokussiert. Sie zielt nicht auf eine bestimmte Lösung, weil sie inhaltlich zu breit angelegt ist. Um Kenntnisse über Rechte des Betriebsrats abzufragen, sollte die Aufgabenstellung auf eine spezifische Angelegenheit beschränkt werden, zum Beispiel Festlegung von Beginn und Ende der täglichen Arbeitszeit (vgl. Beispiel 7 auf der folgenden Seite), Förderung der Berufsbildung oder Planung von Arbeitsverfahren und Arbeitsabläufen.

In Beispiel 8 fehlt die Fokussierung vollständig – die Aufgabenstellung hat gar keinen definierten Inhalt. Die Aufforderung, irgendeine

---

Beispiel 6 – unzureichend fokussiert

In welcher Angelegenheit hat der Betriebsrat nach § 87 Abs. 1 des Betriebsverfassungsgesetzes ein Mitbestimmungsrecht?

①　Änderung der Betriebsorganisation oder des Betriebszwecks

②　Festlegung von Beginn und Ende der täglichen Arbeitszeit

③　Förderung der Berufsbildung der Arbeitnehmer

④　Planung von Arbeitsverfahren und Arbeitsabläufen

⑤　Verlegung des Betriebs oder von Betriebsteilen

(Lösung: 2)

---

richtige Aussage über Aktiengesellschaften zu nennen, ist keine sinnvolle Aufgabe. Letzten Endes geht es gar nicht darum, eine im Aufgabenstamm formulierte Aufgabe zu lösen, sondern fünf inhaltlich disparate Aussagen auf Richtigkeit zu überprüfen und die einzig richtige anzukreuzen. Aufgaben vom Typ „Welche Aussage ... ist richtig?" sollten deshalb nicht verwendet werden.

Auch hier hilft die Eingrenzung auf einen spezifischen Themenaspekt, also auf Fragen wie zum Beispiel:

Welche Person oder welches Gremium führt die Geschäfte der Aktiengesellschaft?

Die Organe der Aktiengesellschaft heißen Hauptversammlung, Vorstand und ...

Beispiel 7 – fokussiert

Welches Recht hat der Betriebsrat bei der Festlegung von Beginn und Ende der täglichen Arbeitszeit?

① Anhörungsrecht

② Beratungsrecht

③ Mitbestimmungsrecht

④ Unterrichtungsrecht

⑤ Vorschlagsrecht

(Lösung: 3)

Beispiel 8 – völlig unfokussiert

Welche Aussage über die Aktiengesellschaft ist richtig?

① Der Vorstand führt die Geschäfte der Aktiengesellschaft.

② Die Aktiengesellschaft ist eine Personengesellschaft.

③ Die Aktionäre wählen den Vorstand der Aktiengesellschaft auf ihrer jährlichen Hauptversammlung.

④ Das Gründungskapital beträgt mindestens 20 000 €.

⑤ Das Recht der Aktiengesellschaft ist im HGB geregelt.

(Lösung: 1)

3.1.4 Lösungsoptionen

Aufgaben mit positiver Einfachwahl bieten durchweg vier oder fünf Lösungsoptionen an: die einzig zutreffende Lösung und drei bzw. vier Distraktoren (Ablenker). Die Lösungsoptionen sind fortlaufend mit arabischen Ziffern (1, 2, 3, ...) oder Versalbuchstaben (A, B, C, ...) gekennzeichnet.

Von der Anzahl der Optionen hängt die Wahrscheinlichkeit von Glückstreffern ab, die in Unkenntnis der richtigen Lösung durch Ankreuzen auf gut Glück erzielt werden. Bei vier Optionen wird die richtige Lösung mit 25-prozentiger Wahrscheinlichkeit getroffen, bei fünf Optionen mit nur 20-prozentiger. Die Glückstrefferwahrscheinlichkeit lässt sich zwar noch weiter verringern, indem die Anzahl der Optionen erhöht wird. Dieses Vorhaben stößt aber rasch an Grenzen, weil es sehr schwierig – oft sogar unmöglich – ist, mehr als vier gute, plausible Distraktoren zu formulieren. Auf die Wahrscheinlichkeit von Glückstreffern und daraus zu ziehende Konsequenzen wird in Abschnitt 11 ausführlicher eingegangen.

Einfachwahlaufgaben sollen durch Wahl der einzig richtigen Lösungsoption gelöst werden – nicht durch Ausschließen der Distraktoren. Um das zu gewährleisten, müssen alle Lösungsoptionen zumindest auf den ersten Blick gleich plausibel erscheinen. Distraktoren dürfen also nicht völlig abwegig sein und keine Cues (Winke, Fingerzeige) enthalten, die von vornherein ihren Ausschluss ermöglichen. Ebenso wenig darf die richtige Lösungsoption mit einem Cue versehen sein, der schon auf den ersten Blick erkennen oder zumindest vermuten lässt, dass nur sie als Lösung infrage kommt.

Wesentliche Gütekriterien für Lösungsoptionen sind inhaltliche, formale und sprachliche Homogenität:

→ Länge, Ausführlichkeit und Differenziertheit der Lösungsoptionen sind etwa gleich.

→ Alle Lösungsoptionen stammen aus demselben Sachgebiet oder Themenbereich.

→ Alle Lösungsoptionen liegen auf derselben begrifflichen oder logischen Ebene (zum Beispiel Oberbegriff, Spezialbegriff, quantitative Angabe, Beschreibung, Definition, Begründung, Bewertung, Bedingung, Voraussetzung, Ursache, Folge).

→ Die Lösungsoptionen enthalten entweder ausnahmslos positive Aussagen oder – was allerdings selten infrage kommen dürfte – ausnahmslos verneinte.

→ Begriffe aus dem Aufgabenstamm werden entweder gar nicht oder aber in allen Lösungsoptionen verwendet.

→ Alle Lösungsoptionen verwenden dieselbe Sprachebene, also zum Beispiel Normalsprache oder eine Fachsprache.

→ Alle Lösungsoptionen sind einheitlich entweder als kurze Aussagesätze, stichwortartig oder als Zahlenangaben formuliert.

→ Alle Lösungsoptionen passen grammatisch zum Stamm.

Reihenfolge der Lösungsoptionen und Position der richtigen Lösung sind eigentlich beliebig. Es gibt aber das hartnäckige Gerücht, dass die richtige Lösung insbesondere bei schwierigen Aufgaben selten an erster oder letzter Stelle steht, sondern eher in der Mitte „versteckt" ist.

Um solchen Vermutungen die Grundlage zu entziehen, können die Lösungsoptionen nach einem einfachen, leicht erkennbaren Prinzip geordnet werden, zum Beispiel in alphabetisch bzw. numerisch auf- oder absteigender Reihenfolge. Falls die Optionen eine inhaltliche Hierarchie bilden, können sie auch danach geordnet werden – bei der Frage nach Ursache oder Folge eines Problems zum Beispiel in aufsteigender Folge von geringfügig bis schwerwiegend.

Die Lösungsoptionen der Beispiele 1 bis 5 und 7 sind in jeder Hinsicht homogen und alphabetisch bzw. numerisch aufsteigend geordnet. Die Beispiele 6 und 8 sind bereits wegen unzureichender bzw. völlig fehlender Fokussierung disqualifiziert, sodass die Frage nach hinreichender Homogenität der Lösungsoptionen nicht relevant ist.

Beispiel 9 zeigt, was bei der Formulierung von Lösungsoptionen schiefgehen kann – der Deutlichkeit halber stark übertrieben. Die richtige Lösungsoption ist erheblich länger und differenzierter als alle übrigen, enthält als einzige das im Aufgabenstamm verwendete Wort „Unternehmen" und steht in der Mitte, ohne dass irgendein Ordnungsprinzip dies verlangt. Option 1 fällt sprachlich aus dem Rahmen, Option 2 inhaltlich (volks- statt betriebswirtschaftlich). Die vierte Option bewertet anstatt – wie alle übrigen – zu beschreiben oder zu definieren, die fünfte passt grammatisch nicht zum Stamm.

Lösungsoptionen müssen sich inhaltlich eindeutig voneinander unterscheiden; in keinem Fall dürfen sie bedeutungsgleich sein wie zum

Beispiel „Fakturierung" und „Rechnungsstellung", „Schulden" und „Verbindlichkeiten", „BGB-Gesellschaft" und „Gesellschaft bürgerlichen Rechts". Bei Einfachwahl sind bedeutungsgleiche Lösungsoptionen entweder geschenkte Distraktoren, oder die Aufgabe ist vollständig missglückt, weil sie mehr als eine richtige Option anbietet. Beispiel 10 enthält zwei Paare bedeutungsgleicher Distraktoren (1 und 3, 4 und 5). Zutreffende Lösungsoption ist hier die nicht doppelt angebotene Welthandelsorganisation.

Inhaltliche Überschneidungen von Lösungsoptionen sollten vermieden werden. Sie können einerseits verwirren, weil einige oder alle Distraktoren neben Unzutreffendem auch Zutreffendes enthalten, also

---

Beispiel 9 – extrem inhomogene Lösungsoptionen

Der Umsatz eines Unternehmens ist der …

① ganze Krempel, den der Laden im Jahr losschlägt.

② Indikator für die jährliche Preissteigerung von Konsumgütern.

③ in einer Währungseinheit angegebene Wert der Produkte und Dienstleistungen, die vom Unternehmen in einer Rechnungsperiode abgesetzt bzw. erbracht wurden.

④ wichtigste und aussagekräftigste Wert des Rechnungswesens.

⑤ laufende Anpassung an sich verändernde Marktbedingungen.

(Lösung: 3)

Beispiel 10 – bedeutungsgleiche Distraktoren

Welche internationale Institution koordiniert die Handelspolitik ihrer Mitgliedsstaaten und schlichtet Handelsstreitigkeiten?

① United Nations Conference on Trade and Development

② Welthandelsorganisation

③ Welthandels- und Entwicklungskonferenz

④ Weltwirtschaftsforum

⑤ World Economic Forum

(Lösung: 2)

---

nur teilweise falsch sind. Andererseits genügen oft bruchstückhafte Kenntnisse und etwas Testschlauheit, um einige Distraktoren von vornherein auszuschließen.

In Beispiel 11 enthält die richtige Lösungsoption die beiden Rechtsformen, bei denen alle Gesellschafter unbeschränkt für Verbindlichkeiten haften. Im Interesse der Homogenität sind in den Distraktoren ebenfalls je zwei Rechtsformen genannt. Da es keine acht Rechtsformen mit Haftungsbeschränkung gibt, wurden insgesamt fünf jeweils zweifach in unterschiedlichen Kombinationen verwendet.

Das Beispiel enthält zwar keine offensichtlichen Cues. Testpersonen mit nur bruchstückhaften Kenntnissen können aber die Anzahl der infrage kommenden Optionen bereits stark einschränken. Wer eine Rechtsform ohne Haftungsbeschränkung kennt, muss nur noch zwischen zwei Optionen wählen. Wer eine Rechtsform mit Haftungsbeschränkung kennt, kann zwei Optionen ausschließen, wer zwei kennt, kann drei Optionen ausschließen.

Lösungsoptionen sollten keinesfalls zur Senkung oder Erhöhung der Schwierigkeit missbraucht werden – sie muss sich allein und unmittelbar aus dem Inhalt des Aufgabenstamms ergeben. Es ist also nicht sinnvoll, eine für die jeweilige Zielgruppe übermäßig schwere Aufgabenstellung durch Cues in den Lösungsoptionen zu entschärfen. Oft misslingt dieses Vorhaben ohnehin – sehr schwierige Aufgaben werden nicht nur etwas leichter lösbar, sondern können mithilfe der Cues ganz ohne Wissen gelöst werden.

Beispiel 11 – Lösungsoptionen mit Überschneidungen

Bei welchen Rechtsformen haften alle Gesellschafter unbeschränkt für Verbindlichkeiten der Gesellschaft?

① Aktiengesellschaft und Kommanditgesellschaft

② Aktiengesellschaft und Unternehmergesellschaft

③ BGB-Gesellschaft und Offene Handelsgesellschaft

④ BGB-Gesellschaft und Unternehmergesellschaft

⑤ Kommanditgesellschaft und Offene Handelsgesellschaft

(Lösung: 3)

Mit homogenen Lösungsoptionen ohne Cues wäre Beispiel 12 als Aufgabe für kaufmännische Auszubildende in Außenhandel, Spedition oder Seeschifffahrt geeignet, für die meisten anderen Testpersonen aber unangemessen schwierig. Wer dem Wink mit dem Zaunpfahl in Lösungsoption 4 folgt, benötigt dagegen noch nicht einmal oberflächliches Wissen, um die Aufgabe richtig zu lösen.

Die umgekehrte Vorgehensweise – Erschwerung leichter Aufgaben durch „vergiftete", in die Irre führende Winke – verbietet sich aus Fairnessgründen und muss deshalb nicht weiter thematisiert werden.

Etwas problematisch sind umfangreiche Definitionen, Beschreibungen oder Begründungen, vor allem dann, wenn sich richtige Lösung und Distraktoren auf den ersten Blick nur wenig voneinander unterscheiden. Auch wer die Definition des Bruttoinlandsprodukts kennt, hat wahrscheinlich nicht genau den in Beispiel 13 (folgende Seite) verwendeten Wortlaut im Kopf und ist deshalb gezwungen, sicherheitshalber alle Optionen Wort für Wort zu überprüfen.

Lange Definitionen oder Beschreibungen sollten möglichst nicht in den Lösungsoptionen, sondern im Aufgabenstamm stehen. Statt nach Definition oder Beschreibung zu fragen, kann umgekehrt nach dem Begriff oder Sachverhalt gefragt werden, der im Aufgabenstamm definiert oder beschrieben ist (vgl. Beispiel 14 auf der folgenden Seite). Oder die Aufgabe wird ganz anders angelegt, indem nicht nach Definition, Beschreibung, Begriff oder Sachverhalt gefragt wird, sondern

---

Beispiel 12 – Wink mit dem Zaunpfahl

Incoterms sind …

① Empfehlungen der Welthandelsorganisation.

② Handelsklauseln, die nach EU-Recht untersagt sind.

③ Normen des Weltpostvereins für Paketsendungen.

④ von der internationalen Handelskammer entwickelte Regeln zur Auslegung üblicher Vertragsformeln im internationalen Handel (International Commercial Terms).

⑤ Vorschriften für den internationalen Containerverkehr.

(Lösung: 4)

Beispiel 13 – Definitionen als Lösungsoptionen

Das Bruttoinlandsprodukt (BIP) misst den Wert der …

① im Inland abgesetzten Güter einschließlich Differenz aus Gütersteuern und -subventionen, soweit sie nicht als Vorleistungen zur Produktion anderer Güter verwendet werden.

② im Inland hergestellten Güter einschließlich Differenz aus Gütersteuern und -subventionen, soweit sie nicht als Vorleistungen zur Produktion anderer Güter verwendet werden.

③ im Inland hergestellten Güter einschließlich Differenz aus Gütersteuern und -subventionen sowie der als Vorleistungen zur Produktion anderer Güter verwendeten Güter.

④ im Inland hergestellten Güter ohne Gütersteuern und Gütersubventionen, soweit sie nicht als Vorleistungen zur Produktion anderer Güter verwendet werden.

⑤ von Inländern hergestellten Güter einschließlich Differenz aus Gütersteuern und -subventionen, soweit sie nicht als Vorleistungen zur Produktion anderer Güter verwendet werden.

(Lösung: 2)

Beispiel 14 – Definition im Stamm, Begriffe als Lösungsoptionen

Die Definition einer Größe der volkswirtschaftlichen Gesamtrechnung lautet:

„Wert der im Inland hergestellten Güter einschließlich Differenz aus Gütersteuern und -subventionen, soweit sie nicht als Vorleistungen zur Herstellung anderer Güter verwendet werden"

Um welche Größe handelt es sich?

① Bruttoinlandsprodukt

② Bruttonationaleinkommen

③ Bruttoproduktionswert

⑤ Bruttosozialprodukt

⑤ Bruttowertschöpfung

(Lösung: 1)

Beispiel 15 – Zusammenhang statt Definition

Die Bruttowertschöpfung einer Volkswirtschaft entspricht dem Bruttoinlandsprodukt abzüglich ...

(1) Abschreibungen auf Anlagegüter.

(2) Nettoinvestitionen.

(3) Saldo aus Exporten und Importen.

(4) Saldo aus Gütersteuern und -subventionen.

(5) Vorleistungen zur Produktion anderer Güter.

(Lösung: 4)

---

zum Beispiel nach Zusammenhängen, Gemeinsamkeiten oder Unterschieden von Begriffsinhalten (Beispiel 15).

Die Lösungsoptionen „Alle vorstehenden Lösungen sind richtig" und „Keine der vorstehenden Lösungen ist richtig" sollten niemals verwendet werden.

→ Die erste ist logisch unmöglich, denn bei Aufgaben mit Einfachwahl kann definitionsgemäß nur genau eine Lösungsoption richtig sein. Testschlauen Personen wird also ein Distraktor geschenkt, während andere möglicherweise verwirrt werden. Entsprechendes gilt für Lösungsoptionen wie zum Beispiel: „Lösungen Nummer 1 und Nummer 3 sind richtig."

→ Die zweite ist zwar logisch möglich, aber nicht sinnvoll. Wenn die Aufgabe lösbar ist, gibt es keinen vernünftigen Grund, anstelle der zutreffenden Lösung die Option „Keine ... ist richtig" anzubieten. Hinzu kommt die fehlende Fokussierung: Dass keine der übrigen Lösungsoptionen richtig ist, ergibt sich nicht unmittelbar aus der Aufgabenstellung, sondern wird erst durch Überprüfung und Ausschluss der unzutreffenden Lösungsoptionen erkennbar. Wenn die Aufgabe dagegen tatsächlich nicht lösbar ist, sollte sie neu formuliert oder durch eine bessere ersetzt werden.

Die Lösungsoption „Keine ... ist richtig" kann für Testpersonen mit sehr guten Kenntnissen sogar zur Falle werden. In Beispiel 16 (folgende Seite) ist die zweite Option (6 Monate) zwar grundsätzlich richtig – es gibt aber eine in der Lösung nicht berücksichtigte Sonderregelung.

In Betrieben, die weniger als sechs Monate bestehen, sind nach § 8 Absatz 2 des Betriebsverfassungsgesetzes alle Personen wählbar, die das 18. Lebensjahr vollendet haben und bei Einleitung der Betriebsratswahl dem Betrieb angehören. Wer diese Sonderregelung kennt, entscheidet sich möglicherweise für die als Distraktor vorgesehene Option 5.

Dass die als richtig vorgesehene Lösungsoption eindeutig und vollständig richtig sein muss, ist eine Selbstverständlichkeit. Ihre Richtigkeit darf auch nicht von wichtigen, im Aufgabenstamm jedoch nicht genannten Bedingungen oder Voraussetzungen abhängen.

Andererseits ist es aber nicht erforderlich, alle denkbaren Sonder- oder Ausnahmefälle und einschränkenden Rand- oder Nebenbedingungen zu berücksichtigen. Die Lösung muss im Normal- oder Regelfall zutreffen, also in der weit überwiegenden Mehrheit aller denkbaren Einzelfälle. Sicherheitshalber kann durch Wendungen wie „im Regelfall", „normalerweise" oder „von Ausnahmen abgesehen" im Aufgabenstamm darauf hingewiesen werden, dass Sonder- oder Ausnahmefälle nicht zu berücksichtigen sind.

In Beispiel 17 ist die vierte Lösungsoption richtig, denn § 9 Abs. 1 des Mutterschutzgesetzes verbietet jede Kündigung gegenüber einer Frau während der Schwangerschaft und bis zum Ablauf von vier Monaten nach der Entbindung. Nicht erwähnt ist die Bedingung, dass dem Arbeitgeber die Schwangerschaft oder Entbindung zum Zeitpunkt der Kündigung bekannt sein oder innerhalb von zwei Wochen nach Zu-

---

Beispiel 16 – „Keine … ist richtig" als Falle

Wie lange müssen Arbeitnehmer(innen), die das 18. Lebensjahr vollendet haben, dem Betrieb mindestens angehören, um bei der Betriebsratswahl wählbar zu sein?

① 3 Monate

② 6 Monate

③ 9 Monate

④ 12 Monate

⑤ Keine der vorstehenden Angaben ist richtig.

(Lösung: 2)

Beispiel 17 – sinnvolle Vernachlässigung von Sonderfällen

Welche Arbeitnehmer(innen) sind durch ein gesetzliches Kündigungsverbot sowohl vor fristgerechter als auch vor fristloser Kündigung geschützt?

① Ältere Arbeitnehmer(innen) ab Vollendung des 62. Lebensjahrs

② Arbeitsunfähige Arbeitnehmer(innen), die Anspruch auf Entgeltfortzahlung im Krankheitsfall haben

③ Auszubildende nach Beendigung der vertraglich vereinbarten Probezeit

④ Frauen während der Schwangerschaft und bis zum Ablauf von vier Monaten nach der Entbindung

⑤ Mitglieder von Betriebsräten und Wahlvorständen sowie Wahlbewerber(innen) bei Betriebsratswahlen

(Lösung: 4)

---

gang der Kündigung mitgeteilt werden muss. Unberücksichtigt bleibt auch die Ausnahme nach § 9 Abs. 3 des Mutterschutzgesetzes: Die für den Arbeitsschutz zuständige oberste Landesbehörde kann in besonderen Fällen ausnahmsweise die Kündigung für zulässig erklären.

3.2 Negative Einfachwahl

Aufgaben mit negativer Einfachwahl enthalten eine Negation im Aufgabenstamm; ansonsten sind sie wie Aufgaben mit positiver Einfachwahl aufgebaut. Die Regeln und Hinweise in den vorangegangenen Abschnitten gelten hier entsprechend. Es kommen aber noch zwei hinzu:

→ Da Aufgaben mit negativer Einfachwahl vergleichsweise selten sind, sollten verneinende Wörter wie „nicht", „kein", oder „ohne" typografisch hervorgehoben werden, vorzugsweise durch fettere Schrift.

→ Um doppelte Verneinungen zu vermeiden, dürfen die Lösungsoptionen keine Negationen enthalten.

Negative Einfachwahl ist nur sinnvoll, wenn die folgenden Bedingungen erfüllt sind; sonst ist positive Einfachwahl vorzuziehen.

→ In der Aufgabenstellung geht es um einen Sonderfall, um die einzige oder zumindest mit großem Abstand wichtigste Ausnahme von einem Grundsatz oder einer allgemeingültigen Regel.

→ Die Aufgabenstellung lässt sich entweder nicht sinnvoll positiv formulieren oder die positive Formulierung wäre deutlich länger, komplizierter oder schwerer verständlich als die negative.

Beispiel 18 erfüllt alle Forderungen. Die Aufgabenstellung zielt eindeutig auf die einzige Ausnahme: Nach § 78 des Strafgesetzbuchs verjähren alle Straftaten außer Mord. Alle Lösungsoptionen nennen gesetzliche Bezeichnungen schwerer Straftaten, sind also homogen.

Auch Beispiel 19 zielt eindeutig auf einen einzigen Ausnahmefall, denn in allen anderen Zweigen der gesetzlichen Sozialversicherung

---

Beispiel 18 – zielt eindeutig auf die einzige Ausnahme

Bei welchem Verbrechen gibt es nach dem Strafgesetzbuch **keine** Verfolgungsverjährung?

① Erpresserischer Menschenraub

② Herbeiführen einer Explosion durch Kernenergie

③ Landesverrat

④ Mord

⑤ Vorbereitung eines Angriffskriegs

(Lösung: 4)

Beispiel 19 – auch positiv möglich

In welchem Zweig der gesetzlichen Sozialversicherung sind versicherte Arbeitnehmer(innen) **nicht** beitragspflichtig?

① Arbeitslosenversicherung

② Krankenversicherung

③ Pflegeversicherung

④ Rentenversicherung

⑤ Unfallversicherung

(Lösung: 5)

---

sind versicherte Arbeitnehmer(innen) beitragspflichtig. Die Aufgabenstellung lässt sich aber auch positiv formulieren, zum Beispiel so:

In welchem Zweig der gesetzlichen Sozialversicherung werden die Beiträge in voller Höhe von den Arbeitgebern getragen?

Die folgenden Beispiele zeigen, wie Aufgaben mit negativer Einfachwahl nicht angelegt sein sollten. Die Aufgabenstellungen zielen nicht auf die Lösung, sondern auf die Distraktoren.

In Beispiel 20 referieren die Distraktoren (Optionen 2 bis 5) alle wesentlichen Aufgaben der gesetzlichen Unfallversicherung nach § 1 des Siebten Buchs des Sozialgesetzbuchs. Option 1 nennt keinen wichtigen Sonder- oder Ausnahmefall, sondern einen beliebigen Sachverhalt, der nicht zu den Aufgaben der gesetzlichen Unfallversicherung gehört.

Derartig verkehrt herum konstruierte, auf die Distraktoren zielende Aufgaben mit Negativwahl sind keineswegs die Ausnahme. Mein Eindruck ist vielmehr, dass sie die korrekt aufgebauten Aufgaben zahlenmäßig weit hinter sich lassen. Beispiel 21 zeigt einen „Klassiker", der so oder ähnlich immer wieder in beruflichen Prüfungen und Übungsbüchern auftaucht. Die Aufgabenstellung zielt auf die vier Instrumente des klassischen Marketingmix; Option 3 (Personalpolitik) steht nicht für einen Sonder- oder Ausnahmefall, sondern nennt einen beliebig gewählten Begriff, der nicht dazugehört.

Beispiel 20 – zielt auf die Distraktoren

Was gehört **nicht** zu den wesentlichen Aufgaben der gesetzlichen Unfallversicherung?

1. Aufklärung über Unfallgefahren im Alltag und Verhütung von Haushalts- und Freizeitunfällen

2. Entschädigung von Versicherten und Hinterbliebenen durch Geldleistungen

3. Verhütung von arbeitsbedingten Gesundheitsgefahren

4. Verhütung von Arbeitsunfällen und Berufskrankheiten

5. Wiederherstellung von Gesundheit und Leistungsfähigkeit von Versicherten

(Lösung: 1)

Beispiel 21 – zielt auf die Distraktoren

Welches Instrument gehört **nicht** zum klassischen Marketingmix?

① Distributionspolitik

② Kommunikationspolitik

③ Personalpolitik

④ Preispolitik

⑤ Produktpolitik

(Lösung: 3)

In beiden Fällen lässt sich der Aufgabenstamm nicht sinnvoll als ungebundene Kurzlösungsaufgabe verwenden. Auf die Fragen, was *nicht* zu den wesentlichen Aufgaben der gesetzlichen Unfallversicherung oder *nicht* zu den Instrumenten des klassischen Marketingmix gehört, gibt es Millionen von zutreffenden Antworten – von „Aale angeln" bis „Zypressen zwischenlagern".

Zur Abfrage mehrerer Bestandteile, Unterbegriffe, Ursachen, Voraussetzungen oder Folgen sind Aufgaben mit negativer Einfachwahl schlicht ungeeignet. Für Aufgabenstellungen dieser Art bieten sich andere Aufgabentypen an, insbesondere Mehrfachwahl und mehrfache Entscheidung richtig/falsch (vgl. Abschnitt 4).

3.3 Einfachwahl mit langer Auswahlliste

Anstelle der üblichen vier oder besser fünf Lösungsoptionen können bei positiver und negativer Einfachwahl umfangreiche, alphabetisch (bei Zahlenangaben numerisch) geordnete Listen mit zwanzig oder mehr Optionen verwendet werden.

Dahinter steht der Gedanke, dass es für Testpersonen viel zu zeitraubend wäre, alle Optionen durchzulesen, um Distraktoren auszuschließen oder auf intuitives Erkennen der richtigen Lösung zu hoffen. Im Idealfall werden die Aufgaben ähnlich wie ungebundene Kurzlösungsaufgaben bearbeitet: Die Testperson entwickelt die Lösung, ohne die Optionen gelesen zu haben, und wählt erst danach die entsprechende Lösungsoption aus der alphabetisch oder numerisch geordneten Liste. Weiterer offensichtlicher Vorteil ist die stark verringerte Wahrscheinlichkeit von Glückstreffern beim wahllosen Ankreuzen.

Es gibt aber erhebliche Einschränkungen. Lange Listen lassen sich nur dann eindeutig alphabetisch ordnen, wenn die Lösungsoptionen aus jeweils nur einem Wort oder Begriff bestehen. Aussagesätze oder aus mehreren Stichworten bestehende Lösungsoptionen können dagegen unterschiedlich formuliert werden, sodass rasches Auffinden der gewünschten Option unmöglich ist.

Weitere Einschränkung ist die Schwierigkeit, überhaupt eine ausreichende Anzahl guter oder zumindest brauchbarer Distraktoren zu entwickeln. In Beispiel 18 (nicht verjährbare Straftat) dürfte das zwar mühelos gelingen – das Strafgesetzbuch gibt mehr als genug her. In Beispiel 14 (Bruttoinlandsprodukt) wird es dagegen schon schwieriger, da es in der volkswirtschaftlichen Gesamtrechnung keine ausreichende Anzahl von Begriffen gibt, um eine lange Liste mit plausiblen Distraktoren zu füllen. Neben Begriffen aus der volkswirtschaftlichen Gesamtrechnung müssten hier auch Begriffe aus anderen Sachgebieten (zum Beispiel Finanzbuchhaltung, Kostenrechnung) oder frei erfundene verwendet werden.

Zwar ist es nicht weiter schlimm, wenn eine Liste mit zwanzig oder mehr Lösungsoptionen zwei oder drei schwache, nicht ausreichend plausible Distraktoren enthält. Ist aber bereits die Entwicklung von vier guten Distraktoren nur mit erheblicher Mühe gelungen, dürfte es kaum sinnvoll sein, die Auswahlliste durch Hinzufügen schlechter Distraktoren auf das Fünffache zu verlängern.

4 Mehrfachwahlaufgaben

4.1 Mehrfachwahl mit vorgegebener Anzahl

Bei diesem Aufgabentyp sind mehrere Optionen als richtige Lösungen auszuwählen, deren Anzahl im Aufgabenstamm angegeben ist. Aufgaben dieses Typs sind sinnvoll, wenn zum Beispiel ein Begriff mehrere Sachverhalte oder Spezialfälle einschließt, eine Rechtsfolge nur bei Vorliegen mehrerer Voraussetzungen eintritt oder ein Problem mehrere, zumindest annähernd gleich wichtige Ursachen oder Auswirkungen haben kann. Am häufigsten verwendete Variante dürfte die Zweifachwahl sein (vgl. Beispiel 22 auf der folgenden Seite).

Im Hinblick auf Fokussierung der Aufgabenstellung, Homogenität der Lösungsoptionen und Vermeidung von Cues gelten dieselben Anforderungen wie bei Aufgaben mit Einfachwahl. Darüber hinaus sollten diese Hinweise beachtet werden:

→ Die Anzahl der zu wählenden Lösungsoptionen muss explizit im Aufgabenstamm genannt werden, der Deutlichkeit halber als typografisch hervorgehobenes Zahlwort.

→ Bedeutungsgleiche Aussagen oder Begriffe – zum Beispiel „Volljährigkeit" und „Vollendung des 18. Lebensjahrs" – dürfen weder als richtige Lösungen noch als Distraktoren verwendet werden.

→ Auf die Möglichkeit der negativen Mehrfachwahl sollte verzichtet werden. Von zwei zu beachtenden Besonderheiten (Negation und Anzahl der zu wählenden Optionen) wird allzu leicht eine übersehen. Die Anzahl möglicher Aufgabenstellungen mit negativer Mehrfachwahl dürfte ohnehin eher gering sein.

Ein Problem bei Mehrfachwahl ist die Tatsache, dass nicht nur vollständig richtige und vollständig falsche Auswahlen getroffen werden können, sondern auch teilweise richtige. Die Frage, wie teilweise richtige (und damit teilweise falsche oder fehlende) Ergebnisse bei der Auswertung zu berücksichtigen sind, ist durchaus strittig. Einerseits kommt es darauf an, die mit einem teilweise korrekten Ergebnis nachgewiesenen Kenntnisse angemessen und fair zu würdigen, andererseits darf die Wahrscheinlichkeit von Glückstreffern nicht zu hoch sein.

Die Wahrscheinlichkeit, beim Ankreuzen aufs Geratewohl zufällig die beiden Lösungen zu treffen, ist selbst bei wenigen Optionen recht gering. Bei der Wahl von zwei aus fünf Optionen beträgt die Wahrscheinlichkeit eines doppelten Glückstreffers nur 10 %. Die Wahrscheinlichkeit, eine von zwei Optionen richtig zu treffen, liegt aber mit 60 % sehr hoch.

Um sie auf ein vertretbares Maß zu senken, sollten mindestens sieben, besser acht Lösungsoptionen angeboten werden. Bei der Wahl von zwei aus sieben Optionen werden einfache Glückstreffer mit einer Wahrscheinlichkeit von 47,6 % erreicht; bei acht Optionen beträgt diese Wahrscheinlichkeit 42,9 %. Hier erscheint es also gerechtfertigt, für eine richtige Wahl bei einer falschen oder fehlenden einen halben Punkt gutzuschreiben.

Gelegentlich wird auch mit Punktabzug gearbeitet: Für jede richtig gewählte Option wird ein halber Punkt gutgeschrieben, für jede falsche ein halber abgezogen, wobei negative Endergebnisse gleich null gesetzt werden. Eine richtige und eine falsche Wahl führen demnach zu null Punkten, ebenso wie zwei falsche. Wer dagegen eine richtige Wahl trifft und auf die zweite verzichtet, erhält im Endergebnis einen halben Punkt.

Beispiel 22 – Mehrfachwahl, zwei Optionen von acht

Bei welchen **zwei** Rechtsformen haften alle Gesellschafter unbeschränkt für Verbindlichkeiten des Unternehmens?

① Aktiengesellschaft

② Genossenschaft

③ Gesellschaft bürgerlichen Rechts

④ Gesellschaft mit beschränkter Haftung

⑤ Kommanditgesellschaft

⑥ Offene Handelsgesellschaft

⑦ Unternehmergesellschaft

⑧ Versicherungsverein auf Gegenseitigkeit

(Lösungen: 3, 6)

Für diese Vorgehensweise spricht zwar die geringere Wahrscheinlichkeit von Glückstreffern bei der Wahl nur einer Lösungsoption: 40 % bei fünf, 28,6 % bei sieben, 25 % bei acht angebotenen Optionen gegenüber 60 %, 47,6 % bzw. 42,9 % bei zweifacher Wahl. Andererseits gibt es aber kein überzeugendes Argument, warum das teilweise gescheiterte Bemühen um zwei richtige Lösungen geringer eingeschätzt werden sollte als die Entscheidung, auf die zweite Wahl zu verzichten. Wenn ungebundene Kurzlösungsaufgaben nach zwei Begriffen, Ursachen, Voraussetzungen, Folgen oder Beispielen fragen, wird normalerweise für jede richtige Teillösung die halbe Punktzahl gutgeschrieben, unabhängig davon, ob die zweite falsch ist oder fehlt.

Aufgaben mit mehr als zweifacher Lösungswahl sind möglich und durch ihren Inhalt gerechtfertigt, wenn es zum Beispiel drei oder vier Spezialfälle, Voraussetzungen, Faktoren, Ursachen oder Folgen gibt.

Bei der Wahl von drei aus insgesamt acht Optionen (Beispiel 23) betragen die Wahrscheinlichkeiten von einfachen und doppelten Glückstreffern 53,6 % bzw. 26,8 %. Es wäre also nicht angemessen, einfach für jede richtig gewählte Lösungsoption einen drittel Punkt gutzuschreiben. Stattdessen kann hier für zwei richtig gewählte Optionen

---

Beispiel 23 – Mehrfachwahl, drei Optionen von acht

Welche **drei** Größen werden nach der Rentenformel miteinander multipliziert, um den Monatsbetrag einer Rente aus der gesetzlichen Rentenversicherung zu berechnen?

① Aktueller Rentenwert

② Anzahl der Beitragsmonate

③ Beitragsbemessungsgrenze

④ Beitragsvolumen

⑤ Eckrente

⑥ Nachhaltigkeitsfaktor

⑦ Persönliche Entgeltpunkte

⑧ Rentenartfaktor

(Lösungen: 1, 7, 8)

---

ein halber Punkt vergeben werden, während bei einer richtigen Wahl wegen der hohen Wahrscheinlichkeit von Glückstreffern nur eine Null infrage kommt.

Bei der Wahl von vier aus acht Optionen (Beispiel 24) kann für drei richtig gewählte Optionen ein halber Punkt vergeben werden – die Wahrscheinlichkeit zufälliger Treffer beträgt 22,9 %. Für zwei richtig gewählte Optionen kommt nur die Punktzahl Null infrage, weil die Wahrscheinlichkeit von Glückstreffern mit 51,4 % zu hoch ist.

Zusammengefasst gilt also: Unabhängig von der Anzahl der zu wählenden Lösungsoptionen kann bei einer falschen oder fehlenden Wahl ein halber Punkt gutgeschrieben werden, also bei Zweifachwahl für eine richtig gewählte Option, bei Dreifachwahl für zwei und bei Vierfachwahl für drei richtig gewählte Optionen.

In allen Fällen können natürlich die Wahrscheinlichkeiten zufälliger Glückstreffer durch lange Listen mit zwanzig oder mehr Lösungsoptionen gesenkt werden. Diese Möglichkeit ist aber nicht universell anwendbar, sondern dürfte eher selten in Betracht kommen – es gelten dieselben Beschränkungen wie bei Einfachwahlaufgaben mit langer Auswahlliste (vgl. Abschnitt 3.3).

Beispiel 24 – Mehrfachwahl, vier Optionen von acht

Welche **vier** sozialen Auswahlkriterien muss der Arbeitgeber nach dem Kündigungsschutzgesetz bei betriebsbedingten Kündigungen beachten?

① Berufliche Qualifikation

② Dauer der Betriebszugehörigkeit

③ Familienstand

④ Höhe des Arbeitsentgelts

⑤ Lebensalter

⑥ Schwerbehinderung

⑦ Unterhaltspflichten

⑧ Vermittelbarkeit auf dem Arbeitsmarkt

(Lösungen: 2, 5, 6, 7)

4.2 Mehrfachwahl ohne Vorgabe der Anzahl

Bei diesem Aufgabentyp gibt es eine oder mehrere richtige Lösungs-option(en), deren Anzahl aber in der Aufgabenstellung nicht ange-geben ist. Deshalb kommen Aufgaben dieses Typs mit vergleichsweise wenigen Lösungsoptionen aus. Bei drei Optionen beträgt die Wahr-scheinlichkeit einer zufällig vollständig richtigen Mehrfachwahl 14,3 %, bei vier Optionen 6,7 %, bei fünf Optionen 3,2 %.

Hinsichtlich Fokussierung der Aufgabenstellung, Homogenität der Lösungsoptionen und Vermeidung von Cues gilt dasselbe wie bei allen bisher behandelten Aufgabentypen. Darüber hinaus sollten die folgen-den Regeln beachtet werden:

→ Im Stamm der Aufgabe muss der typografisch hervorgehobene Hinweis stehen, dass alle richtigen Optionen (eine oder mehrere) auszuwählen sind (vgl. Beispiel 25). Bei einer größeren Anzahl auf-einander folgender Aufgaben dieses Typs kann auch ein deutlich hervorgehobener Hinweis vorangestellt werden.

→ Mindestens eine Lösungsoption muss richtig sein. Die Angabe aus-schließlich unzutreffender Optionen ist hier ebenso wenig sinnvoll wie die Option „Keine … ist richtig" bei Aufgaben mit Einfachwahl.

→ Auf Verneinungen im Stamm sollte verzichtet werden, um die Auf-gaben nicht unnötig zu erschweren.

Die Auswertung ist bei diesem Aufgabentyp etwas aufwendiger als bei anderen Mehrfachwahlaufgaben. Hier muss mit einem Bonus-Malus-

---

Beispiel 25 – Mehrfachwahl ohne Vorgabe der Anzahl

Wählen Sie alle richtigen Lösungen (eine, zwei, drei oder vier)!

Um bei Betriebsratswahlen wählbar zu sein, müssen Arbeitnehmer(innen) im Regelfall …

① das 18. Lebensjahr vollendet haben.

② die deutsche Staatsangehörigkeit besitzen.

③ mindestens 6 Monate dem Betrieb angehören.

④ unbefristet beschäftigt sein.

(Lösungen: 1, 3)

System gearbeitet werden, denn sonst ließe sich durch Ankreuzen aller Optionen in jedem Fall die volle Punktzahl erreichen.

Bei vier Lösungsoptionen wird für jede richtige Entscheidung, also zutreffend gewählte bzw. zutreffend nicht gewählte Option, ein viertel Punkt gutgeschrieben. Für jede falsche Entscheidung, also unzutreffend gewählte bzw. unzutreffend nicht gewählte Option, wird ein viertel Punkt abgezogen (vgl. Beispiele 26 und 27). Negative Gesamtergebnisse werden durch Null ersetzt.

Das führt zu Gesamtergebnissen von einem Punkt für vier richtige Entscheidungen, einem halben Punkt für drei $(3 \cdot ¼ - 1 \cdot ¼)$ und null

---

Beispiel 26 – Mehrfachwahl ohne Vorgabe, Auswertung
Wählen Sie alle richtigen Lösungen (eine, zwei, drei oder vier)!

Um bei Betriebsratswahlen wählbar zu sein, müssen Arbeitnehmer(innen) im Regelfall …

⊠	das 18. Lebensjahr vollendet haben.	+0,25
⊠	die deutsche Staatsangehörigkeit besitzen.	−0,25
⊠	mindestens 6 Monate dem Betrieb angehören.	+0,25
④	unbefristet beschäftigt sein.	+0,25

Gesamtpunktzahl	**0,50**

Beispiel 27 – Mehrfachwahl ohne Vorgabe, Auswertung
Wählen Sie alle richtigen Lösungen (eine, zwei, drei oder vier)!

Um bei Betriebsratswahlen wählbar zu sein, müssen Arbeitnehmer(innen) im Regelfall …

⊠	das 18. Lebensjahr vollendet haben.	+0,25
⊠	die deutsche Staatsangehörigkeit besitzen.	−0,25
③	mindestens 6 Monate dem Betrieb angehören.	−0,25
⊠	unbefristet beschäftigt sein.	−0,25

Gesamtpunktzahl	**0,00**

---

für zwei oder weniger. Diese Punktzahlen erscheinen auch angesichts der Wahrscheinlichkeiten zufälliger Treffer von 6,7 % und 26,7 % für vier bzw. drei richtige Entscheidungen gerechtfertigt.

Bei der Auswertung von Aufgaben mit drei Optionen wird entsprechend mit drittel Punkten gerechnet, bei fünf Optionen mit fünftel Punkten. Zwei richtige Entscheidungen von drei ergeben einen drittel Punkt ($2 \cdot \frac{1}{3} - 1 \cdot \frac{1}{3}$), vier richtige Entscheidungen von fünf ergeben drei fünftel Punkt ($4 \cdot \frac{1}{5} - 1 \cdot \frac{1}{5}$), drei von fünf ergeben einen fünftel Punkt ($3 \cdot \frac{1}{5} - 2 \cdot \frac{1}{5}$).

Das Auswertungsverfahren zeigt, dass es bei Mehrfachwahl ohne vorgegebene Anzahl richtiger Lösungen um eine Reihe von Entscheidungsfragen geht, die jeweils mit „richtig" oder „falsch" beantwortet werden können. Anstelle der Mehrfachwahl ohne vorgegebene Anzahl richtiger Optionen kann deshalb die im folgenden Abschnitt behandelte mehrfache Entscheidung richtig/falsch verwendet werden.

4.3 Mehrfache Entscheidung richtig/falsch

Aufgaben dieses Typs sind ähnlich wie die Mehrfachwahlaufgaben im vorigen Abschnitt aufgebaut. Wesentlicher Unterschied: Es sind nicht nur die richtigen Lösungsoptionen anzukreuzen, sondern jede einzelne Option ist als richtig oder falsch zu kennzeichnen. Bei der Auswertung gibt es keinen Unterschied: Wie bei Mehrfachwahlaufgaben ohne vorgegebene Anzahl richtiger Lösungen wird mit dem Bonus-Malus-System gearbeitet.

Der Deutlichkeit halber stimmen Stamm und Lösungsoptionen in Beispiel 28 auf der folgenden Seite wortgenau mit Beispiel 25 (Seite 38) überein. Nur die Aufforderung, alle richtigen Lösungen zu wählen, ist entfallen. Stattdessen stehen neben den Lösungsoptionen die alternativ zu wählenden Adjektive „richtig" und „falsch".

Verglichen mit der Mehrfachwahl bietet die mehrfache Entscheidung richtig/falsch einige praktische Vorteile:

→ Testpersonen wird deutlicher vor Augen geführt, dass jede Lösungsoption als Entscheidungsfrage zu behandeln ist. Jede positive oder negative Entscheidung erfordert hier aktives Tun, indem die Lösungsoption als richtig oder falsch gekennzeichnet wird.

→ Der Aufgabentyp ist selbsterklärend; es ist keine Erläuterung erforderlich, wie bei der Bearbeitung der Aufgabe vorzugehen ist.

→ Verwechslung mit Einfachwahlaufgaben oder Mehrfachwahlaufgaben mit vorgegebener Anzahl richtiger Lösungen ist aufgrund der formalen Unterschiede ausgeschlossen.

Die Vorgabe ausschließlich falscher Lösungsoptionen ist auch bei diesem Aufgabentyp nicht sinnvoll; mindestens eine muss richtig sein. Weder im Aufgabenstamm noch in den Lösungsoptionen sollten Verneinungen verwendet werden, weil es sonst in Verbindung mit der Entscheidung „falsch" zu mehrfachen Negationen kommt.

Die Fokussierung der Aufgabenstellung kann etwas weniger streng als bei anderen Aufgabentypen gehandhabt werden. Die einzelnen Lösungsoptionen stehen für sich, jede zielt auf eine der Antwortmöglichkeiten „richtig" oder „falsch". Das bedeutet aber nicht, dass Aufgaben aus völlig disparaten Aussagen zu einer umfangreichen Thematik zusammengebastelt werden dürfen. Auch wenn hier im Hinblick auf die Fokussierung etwas lockerer vorgegangen wird, sollte der inhaltliche Zusammenhang nicht verloren gehen.

Beispiel 29 (folgende Seite) zielt zwar nicht unmittelbar auf die drei richtigen Lösungen, denn § 87 Abs. 1 des Betriebsverfassungsgesetzes enthält eine 13 Punkte umfassende Liste mitbestimmungspflichtiger sozialer Angelegenheiten. Der inhaltliche Zusammenhang ist aber vorhanden: Es geht ausschließlich um mitbestimmungspflichtige soziale Angelegenheiten, also nicht um disparate, thematisch unzusammenhängende Aussagen zur betrieblichen Mitbestimmung.

Beispiel 28 – vierfache Entscheidung richtig/falsch

Um bei Betriebsratswahlen wählbar zu sein, müssen
Arbeitnehmer(innen) im Regelfall ...

a das 18. Lebensjahr vollendet haben. (richtig) (falsch)

b die deutsche Staatsangehörigkeit besitzen. (richtig) (falsch)

c mindestens 6 Monate dem Betrieb angehören. (richtig) (falsch)

d unbefristet beschäftigt sein. (richtig) (falsch)

(Lösungen: a richtig, b falsch, c richtig, d falsch)

Beispiel 29 – nicht eindeutig fokussiert, aber akzeptabel

Zu den mitbestimmungspflichtigen sozialen Angelegenheiten nach § 87 Abs. 1 des Betriebsverfassungsgesetzes gehören u. a. ...

a Beginn und Ende der täglichen Arbeitszeit einschließlich der Pausen sowie Verteilung der Arbeitszeit auf die einzelnen Wochentage.

(richtig) (falsch)

b Einführung und Anwendung von technischen Einrichtungen, die dazu bestimmt sind, das Verhalten oder die Leistung der Arbeitnehmer zu überwachen.

(richtig) (falsch)

c Verlegung, Einschränkung und Stilllegung des ganzen Betriebs oder von wesentlichen Betriebsteilen.

(richtig) (falsch)

d Zeit, Ort und Art der Auszahlung der Arbeitsentgelte.

(richtig) (falsch)

(Lösungen: a richtig, b richtig, c falsch, d richtig)

4.4 Auf Einfachwahl reduzierte Mehrfachwahl

Dieser Aufgabentyp ist eine Variante der Mehrfachwahl ohne vorgegebene Anzahl richtiger Optionen. Die Wahl einer oder mehrerer Lösung(en) ist auf das Ankreuzen einer Lösungsoption reduziert. Unter der Aufgabenstellung stehen zunächst die angebotenen Lösungsmöglichkeiten. Dann folgen Optionen, in denen jeweils angegeben ist, welche der vorstehenden Lösungsmöglichkeiten richtig ist oder sind (vgl. Beispiel 30 auf der folgenden Seite).

Offensichtlicher Vorteil ist die einfache Auswertung: Wie bei Einfachwahlaufgaben geht es nur darum, ob das einzige Kreuz an der richtigen Stelle steht. Die Nachteile überwiegen jedoch. Wie bei allen Einfachwahlaufgaben mit einander überschneidenden Lösungsoptionen genügen bruchstückhaftes Wissen und etwas Testschlauheit, um mehrere Distraktoren auszuschließen oder die Anzahl möglicher richtiger Optionen einzuschränken. Wer bei der Bearbeitung der oben stehen-

Beispiel 30 – auf Einfachwahl reduzierte Mehrfachwahl

Um bei Betriebsratswahlen wählbar zu sein, müssen Arbeitnehmer(innen) im Regelfall …

A das 18. Lebensjahr vollendet haben.
B die deutsche Staatsangehörigkeit besitzen.
C mindestens 6 Monate dem Betrieb angehören.
D unbefristet beschäftigt sein.

① Nur A ist richtig.

② A und C sind richtig.

③ B und C sind richtig.

④ B und D sind richtig.

⑤ Nur D ist richtig.

(Lösung: 2)

den Aufgabe zum Beispiel weiß, dass Lösungsmöglichkeit A zutrifft, muss nur noch zwischen den Optionen 1 und 2 wählen. Wer weiß, dass D nicht zutrifft, kann die Optionen 4 und 5 ausschließen.

Anstelle von fünf Lösungsoptionen können zwar lange Auswahllisten mit allen möglichen Lösungskombinationen verwendet werden, also sieben bei drei, 15 bei vier und 31 bei fünf angebotenen Lösungen. Damit sind Überschneidungen zwar vermieden, die Bearbeitung ist aber recht umständlich: Im ersten Schritt entscheiden Testpersonen, welche Lösungsangebote sie wählen; im zweiten suchen sie in der langen Liste nach der entsprechenden Option.

Nach allem stehen also dem kleinen Vorteil der etwas einfacheren Auswertung deutlich schwerer wiegende Nachteile gegenüber. Meine Empfehlung lautet deshalb, diesen Aufgabentyp nicht zu verwenden.

5 Zuordnungsaufgaben

5.1 Freie Zuordnung (mehrfache Einfachwahl)

Aufgaben mit freier Zuordnung bestehen aus mehreren Teilaufgaben, die durch Zuordnung von Optionen aus einer gemeinsamen Auswahlliste zu lösen sind. Dabei müssen einerseits nicht alle Optionen verwendet werden, andererseits können mehrere Teilaufgaben gleiche Lösungen haben. Anstelle anzukreuzender Lösungsziffern wie in Beispiel 31 können neben den Teilaufgaben auch leere Kästchen zum Eintragen der Lösungsnummern stehen.

Beispiel 31 – freie Zuordnung

In welchem Gesetz schlagen Sie jeweils nach, um sich über die gesetzliche Regelung zu informieren?

Gleiche Lösungen bei mehreren Teilaufgaben sind möglich!

a Anzeigepflicht des Arbeitgebers bei Massenentlassungen ① ② ③ ④ ⑤

b Fristen für die Kündigung von Arbeitsverhältnissen durch den Arbeitgeber ① ② ③ ④ ⑤

c Kündigungsschutz für Mitglieder von Betriebsrat und Jugend- und Auszubildendenvertretung ① ② ③ ④ ⑤

d Sozialplan bei Entlassungen wegen Betriebseinschränkung oder -stilllegung ① ② ③ ④ ⑤

Auswahllösungen:

1 Arbeitsplatzschutzgesetz

2 Betriebsverfassungsgesetz

3 Bürgerliches Gesetzbuch

4 Gewerbeordnung

5 Kündigungsschutzgesetz

(Lösungen: a 5, b 3, c 5, d 2)

Für sich genommen ist jede Teilaufgabe eine Einfachwahlaufgabe. Beispiel 31 lässt sich in vier Aufgaben mit Einfachwahl und gleichen Lösungsoptionen zerlegen. Anstelle von freier Zuordnung kann hier also treffender von mehrfacher Einfachwahl gesprochen werden.

Die Auswertung ist entsprechend einfach und unproblematisch. Teilaufgaben sind wie Einfachwahlaufgaben entweder richtig oder falsch gelöst. Wenn die gesamte Aufgabe mit einem Punkt bewertet werden soll, wird für jede richtig gelöste Teilaufgabe ein entsprechender Punktbruchteil vergeben, bei vier Teilaufgaben also ein Viertel.

Die Wahrscheinlichkeit von Glückstreffern bei Teilaufgaben hängt, wie bei Einfachwahlaufgaben, von der Zahl der Lösungsoptionen ab; bei fünf Optionen beträgt sie 20 %.

Aufgaben dieses Typs sind nicht vollständig selbsterklärend. Um Testpersonen nicht zu verwirren, kommt es auf sorgfältige Formulierung und Gestaltung an.

→ Wer den Aufgabentyp noch nicht kennt, wird wahrscheinlich unsicher sein, ob (1) alle Optionen zuzuordnen sind und (2) dieselbe Option zur Lösung mehrerer Teilaufgaben verwendet werden kann. Die erste Unklarheit lässt sich ausräumen, indem mehr Lösungsoptionen als Teilaufgaben angeboten werden. Die zweite erfordert aber einen ausdrücklichen, deutlich hervorgehobenen Hinweis, der entweder im Aufgabenstamm steht oder mehreren Aufgaben gleichen Typs vorangestellt ist.

→ Die Anordnung von Teilaufgaben und Lösungsoptionen wird leider nicht einheitlich gehandhabt. Teils sind zuerst die Aufgaben aufgelistet, gefolgt von den Lösungsoptionen (wie in Beispiel 31), teils ist die Reihenfolge umgekehrt. Formulierung und typografische Gestaltung müssen in jedem Fall zweifelsfrei erkennen lassen, welches die Aufgaben und welches die Lösungsoptionen sind.

Auch bei diesem Aufgabentyp sind lange Auswahllisten mit zwanzig oder mehr Lösungsoptionen möglich, wobei die bereits genannten Einschränkungen entsprechend gelten (vgl. Abschnitt 3.3).

Die Entwicklung solcher Zuordnungsaufgaben, insbesondere der Auswahllisten, ist nicht ganz einfach. Die Distraktoren müssen ja in allen Teilaufgaben zumindest ähnlich plausibel erscheinen wie die jeweils richtige Lösung, wobei erschwerend hinzukommt, dass richtige Lösungen einzelner Teilaufgaben zugleich Distraktoren für andere sind. Entsprechend groß ist die Gefahr, dass es zu unbeabsichtigten Cues und geschenkten Distraktoren kommt. Vier Einfachwahlaufgaben lassen sich meist erheblich leichter entwickeln als eine Mehrfachwahlaufgabe mit vier Teilaufgaben.

5.2 Exklusive Zuordnung

Bei exklusiver Zuordnung ist jede Option der Auswahlliste genau einer Teilaufgabe zuzuordnen. Keine Option darf mehrfach verwendet werden und keine bleibt übrig. Anstelle anzukreuzender Lösungsziffern wie in Beispiel 32 können neben den Teilaufgaben auch leere Kästchen zum Eintragen der Lösungsnummern stehen.

Trotz formaler Ähnlichkeit unterscheiden sich Aufgaben mit exklusiver Zuordnung ganz grundlegend von den im vorigen Abschnitt erläuterten Aufgaben mit freier Zuordnung. Sobald eine Option einer

---

Beispiel 32 – exklusive Zuordnung

Geben Sie jeweils an, welche Gerichte für Rechtstreitigkeiten über folgende Leistungen zuständig sind.

Jede Auswahllösung darf nur einmal verwendet werden!

a Altersvorsorgezulage   ① ② ③ ④ ⑤

b Arbeitslosengeld   ① ② ③ ④ ⑤

c Ausbildungsförderung (BAföG)   ① ② ③ ④ ⑤

d Entgeltfortzahlung im Krankheitsfall   ① ② ③ ④ ⑤

e Kindesunterhalt   ① ② ③ ④ ⑤

Auswahllösungen:

1 Arbeitsgerichte

2 Finanzgerichte

3 Sozialgerichte

4 Verwaltungsgerichte

5 Zivilgerichte

(Lösungen: a 2, b 3, c 4, d 1, e 5)

Teilaufgabe zugeordnet ist, steht sie nicht mehr als Lösung für andere Teilaufgaben zur Wahl.

Auch dieser Aufgabentyp ist nicht vollständig selbsterklärend. Es sollte also ausdrücklich und möglichst unübersehbar darauf hingewiesen werden, dass jede Option nur einmal zu verwenden ist.

Die Wahrscheinlichkeit, eine Aufgabe vollständig durch Glückstreffer zu lösen, hängt von der Anzahl der Teilaufgaben ab. Bei fünf Teilaufgaben gibt es insgesamt 120 unterschiedliche Kombinationen von Zuordnungen; die Wahrscheinlichkeit von fünf Glückstreffern beträgt also nur 0,83 %. Drei Glückstreffer werden mit einer Wahrscheinlichkeit von 8,3 % erreicht. Es ist also gerechtfertigt, drei richtige Zuordnungen mit einem halben Punkt zu bewerten.

Etwas unschön ist aber bei diesem Aufgabentyp, dass bei der jeweils letzten Zuordnung keine Entscheidung mehr nötig ist, weil sie sich von selbst ergibt. Wer also aufgrund seines Wissens nur vier richtige Zuordnungen vornehmen kann, bekommt die fünfte geschenkt. Aufgaben dieses Typs sollten deshalb aus mindestens fünf Teilaufgaben bestehen, damit die geschenkte Zuordnung nicht zu stark ins Gewicht fällt.

Aufgaben mit exklusiver Zuordnung sind nicht leicht zu entwickeln, weil jede Lösungsoption zugleich als richtige Lösung und plausibler Distraktor funktionieren muss. In vielen Fällen dürfte es günstiger sein, auf andere Aufgabentypen auszuweichen, anstatt viel Zeit und Mühe auf eine am Ende doch nicht restlos überzeugende exklusive Zuordnung zu verwenden.

6 Sortieraufgaben

Bei Sortieraufgaben geht es darum, vorgegebene Elemente in eine sach-logische Reihenfolge zu bringen. Dabei kann es sich zum Beispiel um eine Rangfolge nach einem eindeutigen, meist quantitativen Kriterium handeln (vgl. Beispiel 33) oder um eine zwingende zeitliche Abfolge von Ereignissen oder Arbeitsschritten (vgl. Beispiel 35).

Die Aufgaben werden wie in Beispiel 33 durch Ankreuzen oder durch Eintragen von Rangziffern in neben den Elementen stehende Kästchen gelöst. Alternativ kann auch eine Reihe leerer Kästchen zum Eintragen der Kennbuchstaben oder -ziffern der Elemente unter der Aufgabe stehen (Beispiel 34).

Dieser Aufgabentyp ähnelt der exklusiven Zuordnung. Es gibt aber einen wichtigen Unterschied: Die Position des letzten Elements ergibt sich nicht von selbst. Wer zum Beispiel fünf von sechs Elementen in die untereinander richtige Reihenfolge gebracht hat, muss immer noch entscheiden, wohin das letzte gehört.

Die Wahrscheinlichkeit zufällig richtiger Lösungen ist gering. Bei vier Elementen gibt es 24 mögliche Anordnungen, bei fünf Elementen 120, bei sechs Elementen 720. Die Wahrscheinlichkeit einer zufällig vollständig richtigen Lösung beträgt also 4,17 %, 0,83 % bzw. 0,14 %.

Beispiel 33 – Rangfolge nach quantitativem Kriterium

Ordnen Sie die Begriffe aus der Arbeitsmarktstatistik nach den Größen der Personengruppen, indem Sie die Rangziffern ankreuzen.

Beginnen Sie mit der größten Personengruppe (Rangziffer 1)!

a Abhängig Beschäftigte ① ② ③ ④ ⑤

b Erwerbspersonen ① ② ③ ④ ⑤

c Erwerbstätige ① ② ③ ④ ⑤

d Selbständige ① ② ③ ④ ⑤

e Sozialversicherungspflichtig Beschäftigte ① ② ③ ④ ⑤

(Lösungen: a 3, b 1, c 2, d 5, e 4)

Etwas problematisch ist die Bewertung teilweise richtiger Lösungen. Anders als bei Zuordnungsaufgaben kommt es nicht auf absolute Positionen an, sondern auf die Stellung zueinander. Wenn die ansonsten richtige Reihung nur durch ein falsch platziertes Element unterbrochen wird (zum Beispiel A, B, *F*, C, D, E statt A, B, C, D, E, F) oder zwei Elemente untereinander vertauscht sind (z. B. A, *C*, *B*, D, E, F), erscheint die Bewertung mit einem halben Punkt gerechtfertigt.

Der Aufgabenstamm nennt nur die Sortierungsregel; der eigentliche Inhalt der Aufgabe wird erst beim Lesen der zu sortierenden Elemente erkennbar. Sie sollten deshalb so knapp formuliert werden, dass sie leicht überblick- und merkbar sind. Optimal sind Elemente, die nur aus jeweils einem Begriff bestehen.

Das inhaltlich eher triviale Beispiel 35 (folgende Seite) wird durch lange Formulierungen künstlich erschwert. Testpersonen können trotz völlig hinreichender Kenntnisse bei der Lösung dieser Aufgabe scheitern, weil es ihnen nicht gelingt, alle Elemente gleichzeitig im Blick und im Kopf zu behalten. Wer im ersten Anlauf eine teilweise falsche Reihenfolge notiert hat, kann sich so hoffnungslos im Textgestrüpp verfangen, dass auch spätere Korrekturen misslingen.

Beispiel 34 – Rangfolge nach quantitativem Kriterium

Ordnen Sie die Begriffe aus der Arbeitsmarktstatistik nach den Größen der Personengruppen.

A Abhängig Beschäftigte

B Erwerbspersonen

C Erwerbstätige

D Selbständige

E Sozialversicherungspflichtig Beschäftigte

Schreiben Sie die Kennbuchstaben der aufgeführten Personengruppen in der richtigen Reihenfolge in die Kästchen.

Beginnen Sie links mit der größten Personengruppe!

(Lösung: B C A E D)

Insbesondere Aufgaben mit zeitlicher Abfolge wirken oft etwas hergesucht oder krampfhaft erfunden (vgl. nochmals Beispiel 35). Gelegentlich mag der Eindruck entstehen, dass es den Autor(inn)en mehr um die Form der Aufgabe als um den Inhalt ging.

Da die Entwicklung nicht ganz einfach ist und der Fundus inhaltlich sinnvoller Fragestellungen ohnehin recht begrenzt sein dürfte, kann auf diesen Aufgabentyp auch verzichtet werden. Wie die vorherigen Abschnitte gezeigt haben, herrscht ja kein Mangel an Alternativen.

Beispiel 35 – zeitliche Abfolge, übermäßig lange Formulierungen

Bringen Sie die mit Auswahl und Einstellung von Auszubildenden verbundenen Tätigkeiten der Personalchefin in die richtige Reihenfolge.

Die Personalchefin …

a erstellt die Ausbildungsverträge und beantragt die Eintragung in das Verzeichnis der Berufsausbildungsverhältnisse bei der Industrie- und Handelskammer. ① ② ③ ④ ⑤ ⑥

b erteilt dem Arbeitgeber-Service der Arbeitsagentur den Auftrag zur Vermittlung von Bewerber(innen). ① ② ③ ④ ⑤ ⑥

c sichtet die eingegangenen Bewerbungsunterlagen und trifft eine erste Auswahl. ① ② ③ ④ ⑤ ⑥

d ermittelt den Bedarf an Auszubildenden für die unterschiedlichen Ausbildungsberufe in den einzelnen Abteilungen. ① ② ③ ④ ⑤ ⑥

e wählt die aus ihrer Sicht geeigneten Bewerber(innen) aus und bietet ihnen Ausbildungsverträge an. ① ② ③ ④ ⑤ ⑥

f lädt die aussichtsreichsten Bewerber(innen) zu Vorstellungsgesprächen ein. ① ② ③ ④ ⑤ ⑥

(Lösungen: a 6, b 2, c 3, d 1, e 5, f 4)

---

7 Varianten von Aufgabentypen

Durch Modifikation, Erweiterung oder Kombination der in den Abschnitten 3 bis 6 erläuterten Aufgabentypen lassen sich zahlreiche Varianten entwickeln. Offensichtlicher Vorteil ist die Möglichkeit, die Aufgabenform an den jeweiligen Inhalt anzupassen. Anstatt den Inhalt der Aufgabenstellung in eine vorgegebene, strenge Form zu bringen, orientiert sich die Form am Inhalt der Aufgabe. Auf diese Weise lassen sich gelegentlich auch Aufgabenstellungen realisieren, die bei Einhaltung strenger Formvorgaben nicht funktionieren würden, weil zum Beispiel keine ausreichende Anzahl guter, plausibler Distraktoren gefunden wird.

Beispiel 36 zeigt eine Variation der mehrfachen Entscheidung richtig/falsch – anstelle von „richtig" und „falsch" stehen hier die Optionen „direkte Steuer" und „indirekte Steuer". Beispiel 37 kann als Erweiterung der mehrfachen Entscheidung richtig/falsch auf drei Lösungsoptionen oder als freie Zuordnung mit sehr kurzer, auf drei Optionen

---

Beispiel 36 – Variante der mehrfachen Entscheidung richtig/falsch

Kreuzen Sie jeweils an, ob es sich bei der angegebenen Steuerart um eine direkte oder eine indirekte Steuer handelt.

		direkte Steuer	indirekte Steuer
a	Branntweinsteuer	○	○
b	Gewerbesteuer	○	○
c	Einkommensteuer	○	○
d	Energiesteuer	○	○
e	Kaffeesteuer	○	○
f	Körperschaftsteuer	○	○
g	Umsatzsteuer	○	○
h	Versicherungsteuer	○	○

(Lösungen: b, c, f direkt; a, d, e, g, h indirekt)

---

beschränkter Auswahlliste verstanden werden. Beispiel 38 (folgende Seite) zeigt eine Variante der exklusiven Zuordnung unter Verwendung eines grafisch dargestellten Schemas.

Hohe Kreativität ist hier aber eher kontraproduktiv. In Prüfungen und Klassenarbeiten kommt es gerade nicht auf formale Originalität an, sondern auf Einfachheit, Klarheit und Eindeutigkeit. Frei entwickelte Varianten haben zwei Nachteile:

→ Testpersonen müssen sich bei jeder Aufgabe erneut orientieren, auf welche Weise die Lösungsoptionen auszuwählen und zu markieren sind. Das bindet Zeit und Konzentration, die sinnvoller auf die Inhalte der Aufgaben zu verwenden wären. Unter Prüfungsstress und Zeitdruck besteht die Gefahr, dass „originelle" Aufgabenstellungen missverstanden und nur deshalb fehlerhaft gelöst werden.

→ Für jede Aufgabe muss – je nach Typ sowie Anzahl der Teilaufgaben und Lösungsoptionen – ein eigenes Bewertungsschema festgelegt werden. Der Vorteil der schnellen und kaum fehleranfälligen Auswertbarkeit von Multiple-Choice-Tests geht also teilweise verloren.

Beispiel 37 – Variante mehrfache Entscheidung / freie Zuordnung

Kreuzen Sie jeweils an, zu welchem Sektor der Volkswirtschaft die Betriebe gehören.

	Primärer Sektor	Sekundärer Sektor	Tertiärer Sektor
a Bäckereien	○	○	○
b Einzelhandelsgeschäfte	○	○	○
c Elektrizitätswerke	○	○	○
d Forstwirtschaftliche Betriebe	○	○	○
e Krankenhäuser	○	○	○
f Maschinenbaubetriebe	○	○	○
g Notariate	○	○	○
h Werbeagenturen	○	○	○
i Zementfabriken	○	○	○

(Lösungen: d primär; a, c, f, i sekundär; b, e, g, h tertiär)

Beispiel 38 – Variante der exklusiven Zuordnung

Ergänzen Sie das Schema der Rechtsformen, indem Sie die Kennziffern der folgenden Begriffe in die freien Felder eintragen.

1 Gesellschaft mit beschränkter Haftung
2 Handelsgesellschaften
3 Kapitalgesellschaften
4 Kommanditgesellschaft
5 Personengesellschaften

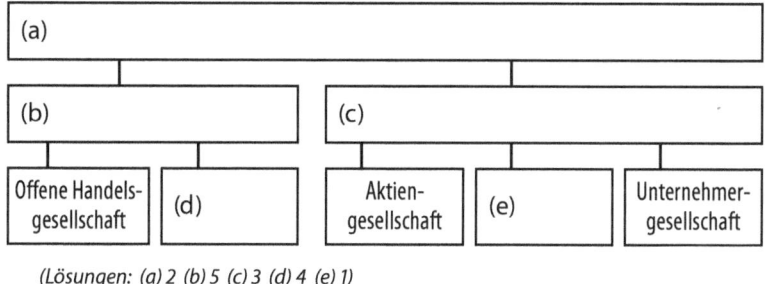

(Lösungen: (a) 2 (b) 5 (c) 3 (d) 4 (e) 1)

Auf kreativ abgewandelte Aufgabenformen sollte also besser verzichtet werden. In den allermeisten Fällen lassen sich die Inhalte auch in Standard-Aufgabentypen unterbringen. So können die Inhalte der Beispiele 36 und 37 alternativ als Aufgaben mit mehrfacher Entscheidung richtig/falsch formuliert werden.

Beispiel 36: Zu den direkten (indirekten) Steuern gehört u. a. die …

Beispiel 37: Zum primären (sekundären, tertiären) Sektor der Volkswirtschaft gehören u. a. …

8 Wissen, Verstehen, Anwendung

In Anlehnung an die Taxonomie von Lernzielen nach Bloom[1]) lassen sich Aufgaben mit sach- oder fachkundlichen Inhalten durchweg in eine der drei folgenden Taxonomiestufen einordnen:

→ Wissen: Aufgaben dieser Stufe zielen im Wesentlichen auf das Erinnern und Reproduzieren von Fakten, Begriffen, grundlegenden Konzepten oder Methoden.

→ Verstehen: Hier geht es um die Fähigkeiten, Informationen in andere (verbale oder nichtverbale) Ausdrucksformen oder auf andere Abstraktionsniveaus zu übersetzen und Schlussfolgerungen zu ziehen, die sich unmittelbar aus den Informationen ergeben (Interpretation) oder darüber hinausreichen (Extrapolation).

→ Anwendung: Auf dieser Stufe geht es um das Anwenden von Wissen auf konkrete Situationen oder Einzelfälle, zur Lösung von Problemen oder zur Identifikation ihrer Ursachen.

Im Interesse möglichst kurzer Darstellung wurden in den vorangegangenen Abschnitten überwiegend Aufgabenbeispiele der Taxonomiestufe Wissen gezeigt. Aufgaben der Stufen Verstehen und Anwendung sind durchweg etwas umfangreicher.

Die Abgrenzung zwischen den Taxonomiestufen ist allerdings nicht immer ganz randscharf. Beispiel 39 kann der Stufe Verstehen zugerechnet werden, weil die in Normalsprache formulierte Beschreibung des Sachverhalts in einen fachsprachlichen Begriff übersetzt werden soll. Andererseits ist aber auch die Zuordnung zur Stufe Wissen möglich, weil im Wesentlichen das Erinnern und Reproduzieren eines Fachbegriffs gefragt ist.

Beispiel 40 gehört dagegen eindeutig in die Taxonomiestufe Verstehen – neben der Übersetzung aus quantitativer in sprachliche Ausdrucksform sind Interpretation und Extrapolation gefordert. Die Test-

---

[1]) Vgl. Benjamin S. Bloom u. a., Taxonomie von Lernzielen im kognitiven Bereich, Weinheim und Basel, div. Auflagen, 1972 ff. Die Taxonomie nach Bloom enthält außerdem die Stufen Analyse, Synthese und Evaluation, die aber eher selten in Betracht kommen dürften.

Beispiel 39 – Verstehen (Übersetzung) oder Wissen?

Die Kreditsachbearbeiterin der Sparkasse kann aufgrund der ihr vorliegenden Informationen mit an Sicherheit grenzender Wahrscheinlichkeit davon ausgehen, dass der Kunde das beantragte Darlehen einschließlich Zinsen vollständig und pünktlich zurückzahlen wird. Dieser Kunde verfügt also über eine ausgezeichnete …

① Bonität.

② Kredibilität.

③ Liquidität.

④ Reliabilität.

⑤ Solidität.

(Lösung: 1)

Beispiel 40 – Verstehen (Übersetzung, Interpretation, Extrapolation)

	2010	2011	2012	2013	2014
Gesamtkosten (Mio. EUR)	25,0	27,0	29,0	31,0	33,0
Gesamterlös (Mio. EUR)*	27,5	29,0	30,5	32,0	33,5
Ausbringungsmenge (Tsd. Stück)	500	550	600	650	700

* einschließlich Bestandsveränderungen an Halb- und Fertigerzeugnissen

Die Daten aus dem betrieblichen Rechnungswesen eines Industrieunternehmens lassen folgende Schlussfolgerungen zu:

a Die durchschnittlichen Stückerlöse sind von 2010 bis 2014 kontinuierlich gesunken. (richtig) (falsch)

b Die durchschnittlichen Stückkosten sind von 2010 bis 2014 leicht angestiegen. (richtig) (falsch)

c Im Geschäftsjahr 2010 war das Betriebsergebnis höher als in den folgenden Jahren. (richtig) (falsch)

d Falls sich der Trend der Jahre 2010 bis 2014 fortsetzt, ist ab dem Geschäftsjahr 2016 mit Betriebsverlusten zu rechnen. (richtig) (falsch)

(Lösungen: a richtig, b falsch, c richtig, d richtig)

person soll Stückerlöse, Stückkosten und Betriebsergebnisse aus den vorliegenden Daten zumindest überschlägig errechnen, diese zueinander ins Verhältnis setzen, Trends erkennen und fortschreiben. Damit reicht das Beispiel allerdings schon etwas in die Taxonomiestufe Anwendung hinein: Kenntnisse über die einfachen Zusammenhänge von Gesamt- und Stückkosten, Gesamt- und Stückerlös sowie Kosten, Erlös und Betriebsergebnis sind auf konkrete Daten anwenden.

Aufgaben der Taxonomiestufe Anwendung verlangen das Anwenden von Wissen auf die in der Fall- oder Problemvignette beschriebene Situation. In Beispiel 3 (Seite 16) geht es darum, Wissen über Bezugsdauer von Arbeitslosengeld und Anwartschaftszeiten auf den sehr kurz formulierten Einzelfall anzuwenden. In Beispiel 41 ist die Vignette aufgrund der erforderlichen Informationsmenge etwas umfangreicher: Gründungskapital, Einpersonengründung, Ausschluss der persönlichen Haftung.

Diese Taxonomiestufe lässt allerdings auch Beschränkungen und Grenzen des Aufgabentyps erkennen. Substanziell neue, den Testpersonen bislang unbekannte, komplizierte oder gar komplexe Probleme lassen sich nicht in Multiple-Choice-Aufgaben unterbringen. Die kurzen Lösungsoptionen erlauben kein umfangreiches Erörtern und Abwägen von Bedingungen, Einflussfaktoren oder Vor- und Nachteilen unterschiedlicher Lösungsansätze. Letzten Endes sind es immer ver-

---

Beispiel 41 – Anwendung

Der Gründer eines kleinen Unternehmens kann nur Ersparnisse von 15 000 EUR einbringen, will keine weiteren Gesellschafter oder Partner aufnehmen und sicherstellen, dass er nicht persönlich für Verbindlichkeiten des Unternehmens haftet.

Mögliche Rechtsform für diese Gründung ist der/die …

a eingetragene Kaufmann.   (richtig) (falsch)

b Gesellschaft mit beschränkter Haftung.   (richtig) (falsch)

c Kommanditgesellschaft.   (richtig) (falsch)

d Unternehmergesellschaft (haftungsbeschränkt). (richtig) (falsch)

(Lösungen: a falsch, b falsch, c falsch, d richtig)

---

gleichsweise einfache Standardsituationen, die in den Aufgaben variiert oder neu kombiniert werden. Diese Einschränkung gilt nicht nur für Multiple-Choice-Aufgaben, sondern gleichermaßen für ungebundene Kurzlösungsaufgaben.

Trotz dieser Beschränkung lassen sich Aufgaben entwickeln, die den Testpersonen deutlich mehr als nur Erinnern und Reproduzieren abverlangen. Auch vergleichsweise einfache Anwendungsaufgaben erfordern zumindest Verständnis – bloßes Erinnern unverstandener Begriffe oder Fakten reicht nicht aus.

Mit der Formulierung einer Situationsbeschreibung ist es allerdings nicht getan. Allzu oft werden Aufgaben der Stufe Wissen in mehr oder minder gut erfundene, aber irrelevante Geschichten verpackt. Die recht umfangreiche Fallvignette in Beispiel 42 enthält nur eine relevante Information: Es geht um eine Kündigungsschutzklage (Klage auf Feststellung, dass das Arbeitsverhältnis durch die Kündigung nicht aufgelöst ist). Hier ist weder Verständnis noch Anwendung von Wissen gefragt, sondern allenfalls die Fähigkeit, sich nicht durch unnötiges Beiwerk vom Kern der Aufgabe ablenken zu lassen.

Beispiel 42 – weitgehend irrelevante Situationsbeschreibung

Der Industriekaufmann Peter Petersen erhält einen eingeschriebenen Brief seines Arbeitgebers, mit dem sein Arbeitverhältnis unter Einhaltung der gesetzlichen Frist wegen mangelnder Leistung gekündigt wird. Da er die Kündigung nicht für gerechtfertigt hält, will er beim Arbeitsgericht Klage auf Feststellung erheben, dass sein Arbeitsverhältnis durch die Kündigung nicht aufgelöst ist.

Innerhalb welcher Frist nach Zugang der Kündigung muss er die Klage erheben?

① Zwei Wochen

② Drei Wochen

③ Ein Monat

④ Sechs Wochen

⑤ Zwei Monate

(Lösung: 2)

---

9 Aufgabensätze

9.1 Aufgabentypen und Gliederung

Vielfalt und Abwechslungsreichtum gelten zwar gemeinhin als positive, anzustrebende Eigenschaften. Bei der Erstellung von Multiple-Choice-Aufgabensätzen für Lernstandstests, Klassenarbeiten oder Prüfungen liegt die Kunst aber eher in der Beschränkung.

Vielfalt von Aufgabentypen und häufiger Wechsel sind künstliche, formale Erschwernisse und potenzielle Fehlerquellen, die letzten Endes auch die Validität des Tests beeinträchtigen können. Sie binden Zeit und Konzentration, die eigentlich zur gedanklichen Auseinandersetzung mit den Inhalten der Aufgaben verwendet werden sollten. Das lässt sich weitgehend vermeiden, indem diese Regeln beachtet werden:

→ Beschränkung auf zwei Aufgabentypen, wobei positive und negative Einfachwahl sowie Mehrfachwahl mit zwei, drei und vier Lösungen jeweils als ein Typ behandelt werden können

→ Keine formal ähnlichen, verwechselbaren Typen wie zum Beispiel Mehrfachwahl mit und ohne Vorgabe der Lösungsanzahl

→ Größere Abschnitte mit Aufgaben gleichen Typs, also kein häufiger Wechsel zwischen Aufgabentypen

Aufgabensätze ohne Einfachwahlaufgaben sind schwer vorstellbar; in den meisten Fällen dürfte dieser Typ sogar zahlenmäßig dominieren. Die Beschränkung auf nur einen weiteren Typ ist keine übermäßige Einengung. Auf exklusive Zuordnung und Sortierung kann problemlos verzichtet werden, da der Fundus an geeigneten Inhalten ohnehin eher klein ist. Aufgaben mit freier Zuordnung lassen sich durch mehrere Einfachwahlaufgaben ersetzen. Mehrfachwahl ohne Vorgabe der Anzahl richtiger Lösungen und mehrfache Entscheidung richtig/falsch unterscheiden sich nur in der äußeren Form, sodass ohnehin nur einer dieser beiden Typen verwendet werden sollte.

Bei der Sortierung der Aufgaben gibt es Konflikte zwischen drei sinnvollen Gliederungsprinzipien.

→ Aufgaben sollten erstens thematisch geordnet sein, um inhaltliche Sprünge zu vermeiden.

→ Zweitens sollte innerhalb eines Aufgabensatzes möglichst selten zwischen unterschiedlichen Aufgabentypen gewechselt werden.

→ Drittens sollten die Aufgaben zumindest grob nach Schwierigkeit geordnet sein. Mit einigen leichten Eisbrecheraufgaben am Anfang kann Stress verringert und Motivationsverlust vermieden werden.

Brauchbarer Kompromiss sind größere thematische Blöcke, die jeweils mit einer oder zwei leichteren Aufgabe(n) beginnen und innerhalb derer die Aufgaben nach Typen geordnet sind. Ein Aufgabensatz mit 40 Aufgaben kann zum Beispiel in fünf Themenblöcke gegliedert werden, die jeweils fünf oder sechs Einfachwahlaufgaben und zwei oder drei Aufgaben eines anderen Typs enthalten. Falls die Themenblöcke aufgrund ihrer Inhalte unterschiedlich schwierig sind, wird der leichteste an den Anfang des Aufgabensatzes gestellt.

Testpersonen sollten nicht daran gehindert werden, die Aufgaben in abweichender Reihenfolge zu bearbeiten, indem sie zum Beispiel schwierig erscheinende zunächst überspringen, um sie sich später vorzunehmen. Das funktioniert aber nur, wenn jede Aufgabe alle zur Lösung erforderlichen Informationen enthält und unabhängig von allen anderen lösbar ist. Gemeinsame Situationsbeschreibungen für mehrere Aufgaben und Rückverweise auf Vignetten weiter oben stehender Aufgaben sind unnötige Fehlerquellen.

Die empfohlene Beschränkung auf zwei Aufgabentypen gilt ebenso für Tests, die neben Multiple-Choice- auch ungebundene Aufgaben enthalten. Solche gemischten Tests sind nicht ungewöhnlich, haben aber zwei offensichtliche Nachteile:

→ Als einziger Multiple-Choice-Aufgabentyp dürfte nur Einfachwahl infrage kommen. Allerdings lässt sich nicht jeder beliebige Inhalt als fokussierte Einfachwahlaufgabe mit ausreichender Anzahl homogener Lösungsoptionen formulieren. In manchen Fällen sind andere Aufgabentypen besser geeignet, insbesondere Mehrfachwahl oder mehrfache Entscheidung richtig/falsch. Beschränkung auf Einfachwahl zwingt entweder dazu, die beabsichtigten Inhalte aller Multiple-Choice-Aufgaben in diese Form zu zwängen, was zu schlechter Fokussierung oder geschenkten Distraktoren führen kann. Oder es muss immer dann auf die ungebundene Form ausgewichen werden, wenn die Formulierung als fokussierte Einfachwahlaufgabe mit guten Distraktoren nicht gelingt.

→ Verwendung ungebundener Aufgaben führt zu höherem Aufwand und geringerer Objektivität bei der Auswertung. Da die schriftsprachliche Ausdrucksfähigkeit mitgemessen wird, leidet auch die Validität – um so stärker, je größer der Anteil der durch Lösung ungebundener Aufgaben zu erreichenden Punkte ist.

9.2 Lösungspositionen

Häufigkeit und Verteilung der Lösungspositionen dürfen keine Schlüsse auf richtige Lösungen zulassen. Vor allem bei Einfachwahlaufgaben sollte einerseits darauf geachtet werden, dass die vier oder besser fünf möglichen Positionen richtiger Lösungen innerhalb eines Aufgabensatzes nicht genau gleich häufig auftreten. Andererseits sollte aber auch keine Lösungsposition offensichtlich bevorzugt oder vermieden werden. Beides ist für Testpersonen leicht erkennbar und kann bei unsicherem Wissen die Trefferchancen erhöhen.

Wenn sich die gewünschte Verteilung nicht von selbst ergibt, können die Lösungspositionen bei einigen Aufgaben entsprechend verändert werden. Aufsteigende Sortierungen lassen sich zum Beispiel durch absteigende ersetzen, alphabetische durch inhaltliche oder umgekehrt.

Die Abfolge der richtigen Lösungspositionen innerhalb des Aufgabensatzes muss zufällig erscheinen. Offensichtlich regelmäßige, sich wiederholende Reihungen (zum Beispiel 1, 2, 3, 4, 5, 1, 2, 3, 4, 5, … oder 1, 3, 5, 2, 4, 1, 3, 5, 2, 4, …) sind sehr deutliche Cues.

Die richtigen Lösungsoptionen unmittelbar aufeinander folgender Aufgaben können gelegentlich an gleichen Positionen stehen – bei zufälliger Anordnung von Einfachwahlaufgaben mit fünf Lösungsoptionen beträgt die Wahrscheinlichkeit dafür ja immerhin 20 %. Auf mehr als drei gleiche Lösungspositionen in unmittelbarer Folge sollte aber verzichtet werden, um die Testpersonen nicht zu verunsichern.

Bei anderen Aufgabentypen sind gleiche Häufigkeit und regelmäßige Abfolge von Lösungspositionen wegen der Vielzahl möglicher Kombinationen ausgeschlossen – zum Beispiel 28 bei Zweifachwahlaufgaben mit acht Optionen, 15 bei vierfacher Entscheidung richtig/falsch. Hier kommt es nur darauf an, dass keine offensichtliche Bevorzugung oder Vermeidung bestimmter Kombinationen zu erkennen ist.

9.3 Prüfung auf Cues und Dubletten

Vor der endgültigen Fertigstellung sollte jeder Aufgabensatz noch einmal sorgfältig auf Cues und vollständig oder teilweise inhaltsgleiche Aufgaben (Dubletten) überprüft werden. Solche Fehler treten vor allem dann auf, wenn der Aufgabensatz thematisch sehr eng gefasst ist oder auf Vorrat erstellte, archivierte Aufgaben verwendet werden.

Auch wenn alle Aufgaben für sich genommen frei von ungewollten Lösungshinweisen sind, können sich in der Zusammenstellung zu Aufgabensätzen neue Cues ergeben. Die Beispiele unten zeigen, worum es geht: Der Aufgabenstamm von Beispiel 44 enthält die Lösung (7 %) zu Beispiel 43.

In diesem Fall ist der Schaden noch leicht zu beheben, indem der ohnehin entbehrliche Hinweis auf die Höhe des ermäßigten Umsatz-

---

Beispiel 43

Wie hoch ist der u. a. für die Lieferung von Nahrungsmitteln geltende ermäßigte Umsatzsteuerprozentsatz?

① 3 %

② 5 %

③ 7 %

④ 9 %

⑤ 11 %

(Lösung: 3)

Beispiel 44 – Aufgabenstamm enthält die Lösung zu Beispiel 43

Der ermäßigte Umsatzsteuersatz von 7 % gilt u. a. für …

a Bücher.   (richtig) (falsch)

b Software.   (richtig) (falsch)

c Tonträger.   (richtig) (falsch)

d Zeitungen.   (richtig) (falsch)

(Lösungen: a richtig, b falsch, c falsch, d richtig)

---

steuerprozentsatzes aus Beispiel 44 entfernt wird. In anderen Fällen dürfte es schwieriger oder sogar unmöglich sein, beide Aufgaben zu retten. Notfalls muss also eine der beiden Aufgaben durch eine andere ersetzt werden.

Entsprechendes gilt für Dubletten, also teilweise oder vollständig inhaltsgleichen Aufgaben, die sich nur durch Formulierungen oder Typ voneinander unterscheiden.

9.4 Typografie und Layout

Typografie und Layout mögen zwar im Vergleich zu Entwicklung und Auswahl von Aufgaben weniger wichtig erscheinen, sollten aber nicht vollständig vernachlässigt werden. Aufgabenblätter müssen übersichtlich gestaltet, Aufgabenstellungen und Lösungsoptionen mühelos lesbar sein. Chaotisch und leseunfreundlich gestaltete Aufgabenblätter, auf denen sich Testpersonen nur mit Mühe orientieren können, sind unfaire Erschwernisse und gehen zulasten der Validität des Tests.

Beim üblichen A4-Format (210 mm × 297 mm) kommen nur zweispaltige Layouts infrage; bei Einspaltigkeit sind die Zeilen so breit, dass flüssiges Lesen stark erschwert wird. Zweispaltige Layouts ergeben lesefreundliche Spaltenbreiten von etwa 75 mm bis 90 mm – je nach Randbreiten und Abstand zwischen den Spalten.

Ob serifenlose Schriften (z. B. Arial, Calibri, Myriad) oder Schriften mit Serifen (z. B. Times New Roman, Cambria, Minion) bevorzugt werden, ist eine Frage des persönlichen Geschmacks. Entscheidend ist allein gute, flüssige Lesbarkeit. Ungeeignet sind geometrisch konstruierte Schriften (z. B. Century Gothic), Schreibschriften (z. B. *Mistral*, *Freestyle Script*), handschriftähnliche (z. B. Comic Sans MS, Kristen ITC) und grafisch modifizierte oder mit Verzierungen versehene Schriften (z. B. Jokerman, ALGERIAN, Snowdrift).

Schriftgrößen von 9 pt bis 10 pt sind gut lesbar, ohne unnötig viel Platz zu beanspruchen. Der Zeilenabstand sollte auf etwa 125 % bis 130 % der Schriftgröße eingestellt sein, bei 10 pt Schriftgröße also 12,5 pt bis 13 pt. Etwas größere Abstände zwischen Aufgabenstamm und Lösungsoptionen sowie zwischen den einzelnen Lösungsoptionen setzen die einzelnen Teile der Aufgabe optisch voneinander ab.

Mit Worttrennungen sollte sparsam umgegangen werden, weil sie den Lesefluss hemmen können. Lange Komposita sind möglichst in den Wortfugen zu trennen, also zum Beispiel Brutto-inlandsprodukt oder Bruttoinlands-produkt, nicht Brut-toinlandsprodukt, Bruttoinlandsprodukt oder Bruttoinlandspro-dukt. Weitgehender Verzicht auf Worttrennungen ist allerdings nur bei linksbündigem Satz möglich. Bei Blocksatz entstehen sehr große Wortabstände, die als hässliche weiße Löcher hervorstechen, das Schriftbild sehr unruhig wirken lassen und flüssiges Lesen erschweren.

Aufeinander folgende Aufgaben stehen normalerweise untereinander in den Spalten (vgl. Abbildung 1 auf der folgenden Seite). Das entspricht der gewohnten Leserichtung bei mehrspaltigem Text: Die erste Spalte wird von oben nach unten gelesen, dann wird oben in der zweiten Spalte begonnen. Bei dieser Anordnung passen vier kurze oder drei etwas umfangreichere Aufgaben in eine Spalte, wenn mit üblichen Schriftgrößen und Zeilenabständen gearbeitet wird. Aufgabenstamm und dazu gehörende Lösungsoptionen sollten immer vollständig in derselben Spalte stehen; Spalten- oder gar Seitenumbruch innerhalb einer Aufgabe ist also in jedem Fall zu vermeiden.

Gelegentlich werden aufeinander folgende Aufgaben abweichend von der gewohnten Leserichtung nebeneinander gestellt (vgl. Abbildung 2 auf der übernächsten Seite). Es gibt zwar weder nachvollziehbare Gründe für diese Anordnung noch erkennbare Vorteile. Wer sie dennoch bevorzugt, sollte die Abfolge durch etwas größere vertikale Abstände zwischen den Aufgaben und kräftige horizontale Linien optisch verdeutlichen.

Unterschiedliche, auch ungewohnte Anordnungen mögen zwar auf den ersten Blick nicht problematisch erscheinen. Testpersonen entsteht ja kein Nachteil, wenn sie die Aufgaben in einer anderen als der vorgesehenen Reihenfolge bearbeiten. Ungewohnte Anordnung der Aufgaben kann aber zur Fehlerquelle werden, wenn die Lösungen auf gesonderten Markierungsblättern anzukreuzen sind – besonders desaströs, wenn in derselben Prüfung Aufgabenblätter mit unterschiedlich angeordneten Aufgaben für die einzelnen Prüfungsteile verwendet werden.

Aufgabe 1

Welche Rechtsgebiete regelt das Zehnte Buch des Sozialgesetzbuchs?

1. Beiträge und Leistungen der gesetzlichen Rentenversicherung
2. Grundsätze des Leistungsrechts und Mitwirkung der Leistungsberechtigten
3. Grundsicherung für Arbeitsuchende und Arbeitsförderung
4. Rehabilitation und Teilhabe behinderter Menschen
5. Sozialverwaltungsverfahren und Sozialdatenschutz

Aufgabe 2

Die Bruttowertschöpfung einer Volkswirtschaft entspricht dem Bruttoinlandsprodukt abzüglich ...

1. Abschreibungen auf Anlagegüter.
2. Nettoinvestitionen.
3. Saldo aus Exporten und Importen.
4. Saldo aus Gütersteuern und -subventionen.
5. Vorleistungen zur Produktion anderer Güter.

Aufgabe 3

Eine 45-jährige Arbeitslose war vor dem Verlust ihres Arbeitsplatzes drei Jahre lang ununterbrochen sozialversicherungspflichtig beschäftigt.
Für welche Zeitdauer hat sie Anspruch auf Arbeitslosengeld?

1. 6 Monate
2. 12 Monate
3. 18 Monate
4. 24 Monate
5. 30 Monate

Aufgabe 4

Bei welchem Verbrechen gibt es nach dem Strafgesetzbuch **keine** Verfolgungsverjährung?

1. Erpresserischer Menschenraub
2. Herbeiführen einer Explosion durch Kernenergie
3. Landesverrat
4. Mord
5. Vorbereitung eines Angriffskriegs

Aufgabe 5

Bei welchen **zwei** Rechtsformen haften alle Gesellschafter unbeschränkt für Verbindlichkeiten des Unternehmens?

1. Aktiengesellschaft
2. Genossenschaft
3. Gesellschaft bürgerlichen Rechts
4. Gesellschaft mit beschränkter Haftung
5. Kommanditgesellschaft
6. Offene Handelsgesellschaft
7. Unternehmergesellschaft
8. Versicherungsverein auf Gegenseitigkeit

Aufgabe 6

Welche **drei** Größen werden nach der Rentenformel miteinander multipliziert, um den Monatsbetrag einer Rente aus der gesetzlichen Rentenversicherung zu berechnen?

1. Aktueller Rentenwert
2. Anzahl der Beitragsjahre
3. Beitragsbemessungsgrenze
4. Beitragsvolumen
5. Eckrente
6. Nachhaltigkeitsfaktor
7. Persönliche Entgeltpunkte
8. Rentenartfaktor

Aufgabe 7

Welche **vier** sozialen Auswahlkriterien muss der Arbeitgeber bei betriebsbedingten Kündigungen beachten?

1. Berufliche Qualifikation
2. Dauer der Betriebszugehörigkeit
3. Familienstand
4. Lebensalter
5. Schwerbehinderung
6. Unterhaltspflichten
7. Vermittelbarkeit auf dem Arbeitsmarkt
8. Voll- oder Teilzeitbeschäftigung

Abbildung 1 – Zweispaltiges Layout mit Anordnung der Aufgaben in gewohnter Leserichtung (spaltenweise von oben nach unten) Format A4 (210 mm × 297 mm), Darstellung auf rund 48 % verkleinert

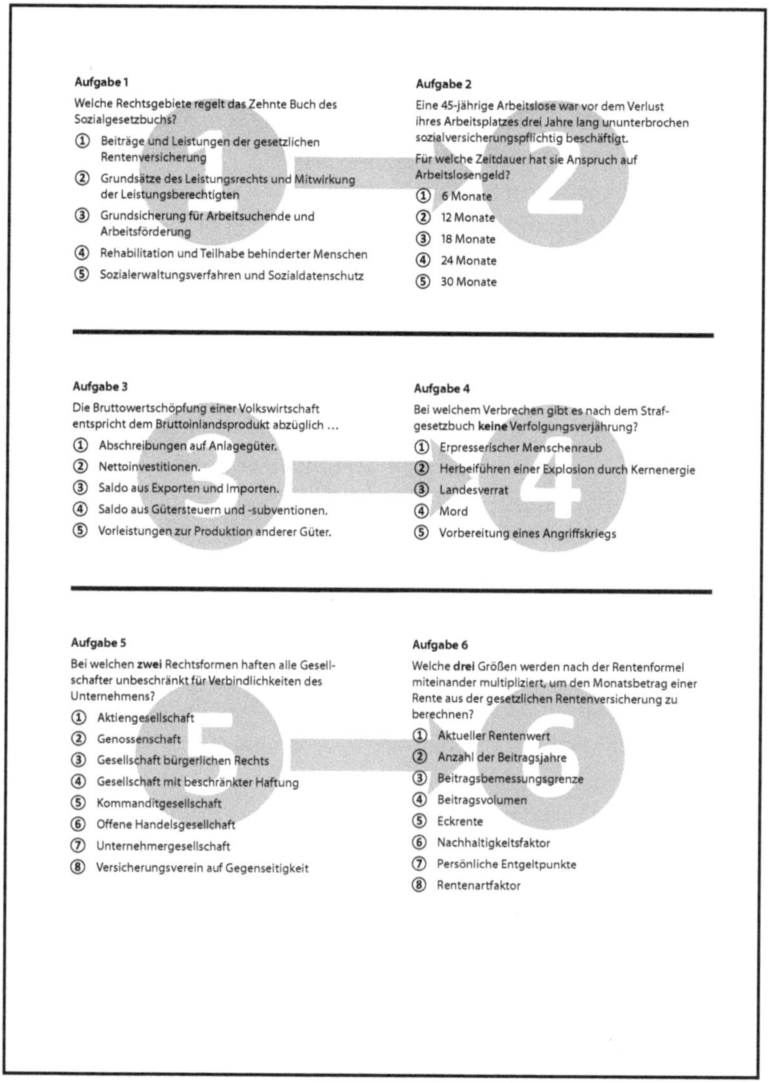

Aufgabe 1

Welche Rechtsgebiete regelt das Zehnte Buch des Sozialgesetzbuchs?

1. Beiträge und Leistungen der gesetzlichen Rentenversicherung
2. Grundsätze des Leistungsrechts und Mitwirkung der Leistungsberechtigten
3. Grundsicherung für Arbeitsuchende und Arbeitsförderung
4. Rehabilitation und Teilhabe behinderter Menschen
5. Sozialerwaltungsverfahren und Sozialdatenschutz

Aufgabe 2

Eine 45-jährige Arbeitslose war vor dem Verlust ihres Arbeitsplatzes drei Jahre lang ununterbrochen sozialversicherungspflichtig beschäftigt.

Für welche Zeitdauer hat sie Anspruch auf Arbeitslosengeld?

1. 6 Monate
2. 12 Monate
3. 18 Monate
4. 24 Monate
5. 30 Monate

Aufgabe 3

Die Bruttowertschöpfung einer Volkswirtschaft entspricht dem Bruttoinlandsprodukt abzüglich ...

1. Abschreibungen auf Anlagegüter.
2. Nettoinvestitionen.
3. Saldo aus Exporten und Importen.
4. Saldo aus Gütersteuern und -subventionen.
5. Vorleistungen zur Produktion anderer Güter.

Aufgabe 4

Bei welchem Verbrechen gibt es nach dem Strafgesetzbuch **keine** Verfolgungsverjährung?

1. Erpresserischer Menschenraub
2. Herbeiführen einer Explosion durch Kernenergie
3. Landesverrat
4. Mord
5. Vorbereitung eines Angriffskriegs

Aufgabe 5

Bei welchen **zwei** Rechtsformen haften alle Gesellschafter unbeschränkt für Verbindlichkeiten des Unternehmens?

1. Aktiengesellschaft
2. Genossenschaft
3. Gesellschaft bürgerlichen Rechts
4. Gesellschaft mit beschränkter Haftung
5. Kommanditgesellschaft
6. Offene Handelsgesellschaft
7. Unternehmergesellschaft
8. Versicherungsverein auf Gegenseitigkeit

Aufgabe 6

Welche **drei** Größen werden nach der Rentenformel miteinander multipliziert, um den Monatsbetrag einer Rente aus der gesetzlichen Rentenversicherung zu berechnen?

1. Aktueller Rentenwert
2. Anzahl der Beitragsjahre
3. Beitragsbemessungsgrenze
4. Beitragsvolumen
5. Eckrente
6. Nachhaltigkeitsfaktor
7. Persönliche Entgeltpunkte
8. Rentenartfaktor

Abbildung 2 – Zweispaltiges Layout mit Anordnung der Aufgaben nebeneinander (abweichend von der gewohnten Leserichtung) Format A4 (210 mm × 297 mm), Darstellung auf rund 48 % verkleinert

9.5 Markierungsblatt und Auswertung

Durch separate Markierungsblätter, auf denen die Testpersonen ihre Lösungen ankreuzen, lässt sich die Auswertung von Multiple-Choice-Tests erheblich rationalisieren. Anstatt den Aufgabensatz Seite für Seite durchzugehen, wird eine Lösungsschablone auf das Markierungsblatt gelegt und die Anzahl richtig gesetzter Kreuze gezählt. Die Lösungsschablone lässt sich mit geringem Aufwand herstellen, indem ein Markierungsblatt an den richtigen Stellen mit Kreuzen versehen und auf transparente Folie kopiert oder ausgedruckt wird.

Markierungsblätter können aber zur Fehlerquelle werden. Die Gefahr versehentlich falsch gesetzter Kreuze ist besonders groß, wenn Testpersonen ihre Lösungen zunächst auf den Aufgabenblättern ankreuzen und sie erst zum Schluss – oft unter Zeitdruck – auf das Markierungsblatt übertragen.

Das Risiko fehlerhafter Übertragung lässt sich erheblich verringern, indem diese Grundsätze beachtet werden:

→ Auf dem Aufgabenblatt stehen Lösungsoptionen von Einfach- und Mehrfachwahlaufgaben immer untereinander, auch wenn sie so kurz sind, dass zwei oder mehr nebeneinander passen würden (wie in den Beispielen 43 und 44 auf Seite 61). Dasselbe gilt für Teilaufgaben und Lösungsoptionen von Zuordnungs- und Elemente von Sortierungsaufgaben.

→ Die Elemente sind auf Markierungsblatt und Aufgabenblatt identisch angeordnet. Was auf dem Aufgabenblatt untereinander steht, steht auch auf dem Markierungsblatt untereinander. Was auf dem Aufgabenblatt nebeneinander steht, steht auch auf dem Markierungsblatt nebeneinander.

Wenn Arbeitsanleitungen wie die folgende nötig sind, sollten die Gestaltungen von Aufgaben- und Markierungsblatt dringend noch einmal überdacht werden.

Übertragen Sie die senkrecht angeordneten Lösungsziffern in dieser Reihenfolge von links nach rechts auf das Lösungsblatt.

Beim üblichen Auswertungsverfahren wird für jede richtig gelöste Aufgabe ein Punkt notiert, für teilweise richtig gelöste Mehrfachwahl- oder Zuordnungsaufgaben der entsprechende Punktbruchteil. Die Summe der so ermittelten Punkte wird dann auf den Nenner 100 umgerechnet, weil sich Bewertungstabellen (Bestehens- und Notenschwellen) auf 100 erreichbare Punkte beziehen. Wenn bei der Auswertung eines Tests zum Beispiel 30 von 40 möglichen Punkten gezählt werden, ergeben sich daraus 30 : 40 · 100 = 75 von 100 Punkten.

Etwas umstritten ist die Frage, ob alle Aufgaben mit gleichem Gewicht in die Gesamtbewertung eingehen oder je nach Aufgabentyp unterschiedlich gewichtet werden sollten. Höherer Arbeits- und Zeitaufwand bei der Lösung von Mehrfachwahl- und Zuordnungsaufgaben spricht zwar für eine entsprechend höhere, zum Beispiel doppelte Gewichtung gegenüber Einfachwahlaufgaben. Andererseits kann aber die Lösung einer etwas anspruchsvolleren Einfachwahlaufgabe mit umfangreicher Fallvignette sogar mehr Zeit erfordern als eine knapp formulierte Mehrfachwahl- oder Zuordnungsaufgabe.

In inhaltlich durchdachten Tests deckt jede Aufgabe – unabhängig vom Aufgabentyp – einen relevanten Aspekt der jeweiligen Testthematik ab. Unterschiedliche Gewichtung von Aufgabentypen bedeutet also zwangsläufig auch, bestimmten thematischen Aspekten höheres Gewicht als anderen zuzumessen.

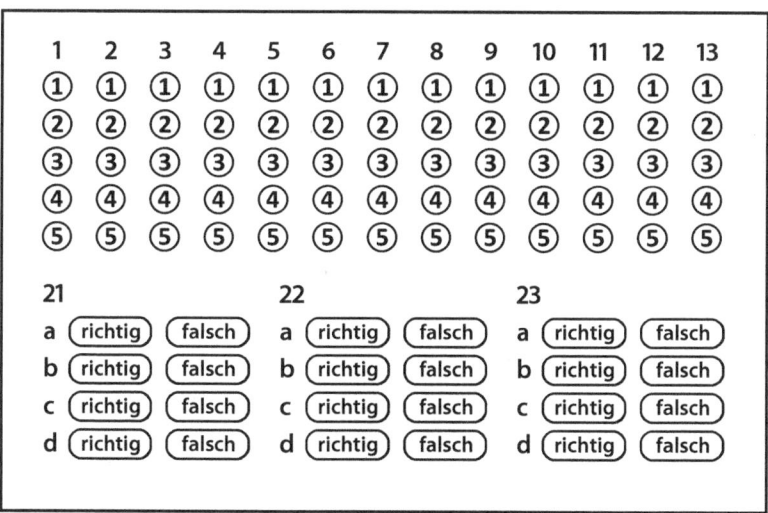

Abbildung 3 – Markierungsblatt (Ausschnitt) mit Feldern für Einfachwahlaufgaben (oben) und vierfache Entscheidung richtig/falsch

10 Evaluation

10.1 Überblick

Multiple-Choice-Tests sollten nach der Durchführung evaluiert werden, um übersehene Qualitätsmängel aufzuspüren und Erfahrungen zu sammeln, die zur Qualitätsverbesserung bei der Aufgabenentwicklung beitragen können.

Wichtige Indikatoren sind Schwierigkeitsgrad (Erfolgsquote) und Trennschärfe der einzelnen Aufgaben – mehr dazu in den folgenden Abschnitten. Die erforderlichen Berechnungen lassen sich ohne übermäßigen Arbeits- und Zeitaufwand mit einem Tabellenkalkulationsprogramm erledigen (Abschnitt 10.5).

10.2 Schwierigkeitsgrad (Erfolgsquote)

Ob eine einzelne Multiple-Choice-Aufgabe schwieriger oder weniger schwierig ist, kann nur im Hinblick auf die Zielgruppe bestimmt werden. Das ist keine Besonderheit von Multiple-Choice-Aufgaben, sondern gilt ebenso für ungebundene Aufgaben mit frei zu formulierenden Lösungen.

Vorab kann die Schwierigkeit einer Aufgabe nur aufgrund von Erfahrungswerten abgeschätzt werden. Ein quantitativer Schwierigkeitsgrad lässt sich erst nach der Testdurchführung ermitteln: Die Anzahl richtiger Lösungen wird durch die Anzahl der Testpersonen dividiert. Je kleiner dieser Quotient, desto höher ist offenbar die Schwierigkeit der Aufgabe für die jeweilige Testgruppe.

Da der Begriff Schwierigkeitsgrad wegen der umgekehrten Proportionalität von Wert und Schwierigkeit (geringer Wert steht für hohe Schwierigkeit, hoher Wert für geringe Schwierigkeit) etwas irritierend sein kann, verwende ich stattdessen im Folgenden den Begriff Erfolgsquote. Wenn zum Beispiel 28 von 32 Testpersonen eine Einfachwahlaufgabe richtig gelöst haben, beträgt die Erfolgsquote 28 : 32 = 0,875, bei nur 12 richtigen Lösungen 12 : 32 = 0,375.

Die Erfolgsquote sollte nicht kleiner als etwa 0,40 und nicht größer als etwa 0,85 sein. Erfolgsquoten unter 0,40 indizieren unangemessen hohe Schwierigkeit – die wenigen richtigen Lösungen dürften zumindest teilweise auf Glückstreffer zurückzuführen sein.

Unerwartet niedrige Erfolgsquoten weisen in der Regel darauf hin, dass die Schwierigkeitsgrade der Aufgaben vorab unzutreffend eingeschätzt wurden. Weitere mögliche Ursachen:

→ Auswertungsfehler, die zum Beispiel durch fehlerhafte Lösungsschablonen verursacht sein können

→ Fehlerhafte Aufgaben, die zum Beispiel unbeabsichtigte Fallen enthalten oder keine sachlich zutreffenden Lösungsoptionen anbieten

Niedrige Erfolgsquoten bei vorab als nicht besonders schwierig eingeschätzten Aufgaben sollten also Anlass sein, Auswertung und Aufgaben zu überprüfen.

Erfolgsquoten über 0,85 sollten nur bei gewollt leichten Eisbrecheraufgaben am Anfang des Tests erreicht werden. Sonst deuten sie entweder auf inhaltlich unangemessen leichte Aufgaben hin oder auf Cues, die bei der Erstellung des Tests übersehen, von den meisten Testpersonen aber erkannt und genutzt wurden.

Die ermittelten Erfolgsquoten können als Anhaltspunkte für künftige Aufgabenentwicklung und Zusammenstellung von Aufgabensätzen genutzt werden. Bei sehr niedriger Erfolgsquote ist außerdem zu erwägen, allen Testpersonen einen Punkt gutzuschreiben und die Aufgabe damit zu neutralisieren, ohne die wenigen Testpersonen mit richtigen Lösungen zu benachteiligen.

10.3 Trennschärfekoeffizient

Bei der Trennschärfe geht es um die Frage, ob und in welchem Ausmaß die einzelnen Aufgaben zur Differenzierung der Gesamtergebnisse beitragen. Hohe Trennschärfe bedeutet, dass die jeweilige Aufgabe von Testpersonen mit höheren Gesamtergebnissen häufiger richtig, von Testpersonen mit niedrigeren Gesamtergebnissen dagegen häufiger falsch oder gar nicht gelöst wurde.

Die Stärke des statistischen Zusammenhangs zwischen den Ergebnissen der Testpersonen bei der jeweils untersuchten Aufgabe und ihren Gesamtergebnissen wird durch Trennschärfekoeffizienten (Korrelationskoeffizienten nach BRAVAIS und PEARSON) quantifiziert.[1])

→ Der unkorrigierte Trennschärfekoeffizient kennzeichnet die Korrelation zwischen den Ergebnissen bei der untersuchten Aufgabe und den Gesamtergebnissen der Testpersonen.

→ Der korrigierte Trennschärfekoeffizient kennzeichnet die Korrelation zwischen den Ergebnissen bei der untersuchten Aufgabe und den Gesamtergebnissen der Testpersonen bei allen übrigen Aufgaben, also ohne die untersuchte Aufgabe.

Der unkorrigierte Trennschärfekoeffizient ist durchweg etwas höher als der korrigierte, weil die Gesamtergebnisse der Testpersonen auch ihre Ergebnisse bei der jeweils untersuchten Aufgabe enthalten – die Aufgabe wird also teilweise mit sich selbst verglichen. Dieser Effekt ist umso stärker, je kleiner die Anzahl der Aufgaben ist. Insbesondere bei Tests mit vergleichsweise wenigen Aufgaben sollte also mit dem korrigierten Trennschärfekoeffizienten gearbeitet werden.

Der Wertebereich reicht bei beiden Trennschärfekoeffizienten von −1 bis 1. Zur Interpretation des (korrigierten) Trennschärfekoeffizienten können diese Faustregeln verwendet werden:

→ Werte ab 0,5 stehen für hohe Trennschärfe.

→ Werte von 0,3 bis unter 0,5 stehen für mittlere Trennschärfe.

→ Positive Werte unter 0,3 stehen für geringe Trennschärfe.

Aufgaben mit negativen Trennschärfekoeffizienten verringern die Differenzierung der Gesamtergebnisse. Bei negativer Trennschärfe haben Testpersonen mit niedrigen Gesamtergebnissen die Aufgabe häufiger richtig gelöst als Testpersonen mit hohen Gesamtergebnissen.

---

[1]) Ausführliche Darstellungen von theoretischem Hintergrund und Berechnungsverfahren würden den Rahmen dieses kurzen Leitfadens sprengen.
Zur Erinnerung für statistikkundige Leserinnen und Leser: Korrelationskoeffizient nach BRAVAIS und PEARSON ist der Quotient aus der Kovarianz und dem Produkt der Standardabweichungen der beiden Reihen.

$$r = \frac{\Sigma[(x_i - \mu_x)(y_i - \mu_y)]}{[\Sigma(x_i - \mu_x)^2 \cdot \Sigma(y_i - \mu_y)^2]^{1/2}}$$

Mithilfe eines Tabellenkalkulationsprogramms lassen sich Korrelationskoeffizienten auch ohne Statistikkenntnisse berechnen. Alternativ kann auf das im folgenden Abschnitt dargestellte vereinfachte Verfahren zur Ermittlung eines Trennschärfewerts zurückgegriffen werden.

10.4 Einfacher Trennschärfetest

Das folgende Verfahren zur Quantifizierung der Trennschärfe ist zwar nicht ganz so zuverlässig wie die Berechnung von Trennschärfekoeffizienten, hat aber den Vorteil, dass es sich auch ohne Statistikkenntnisse leicht nachvollziehen und anwenden lässt.

→ Sortierung der ausgewerteten Aufgabensätze oder Markierungsblätter nach den Gesamtpunktzahlen in auf- oder absteigender Folge
→ Entnahme des oberen und des unteren Viertels (ggf. gerundete Anzahl, falls die Gesamtzahl kein ganzzahliges Vielfaches von Vier ist)
→ Ermittlung der insgesamt bei der zu untersuchenden Aufgabe im oberen und im unteren Viertel erreichten Auswertungspunkte
→ Berechnung des Trennschärfewerts: Differenz aus Punktzahlen im oberen und unteren Viertel geteilt durch Summe der Punktzahlen im oberen und unteren Viertel

$$\text{Trennschärfe} = \frac{(\text{Punkte}_{\text{oberes Viertel}} - \text{Punkte}_{\text{unteres Viertel}})}{(\text{Punkte}_{\text{oberes Viertel}} + \text{Punkte}_{\text{unteres Viertel}})}$$

Der Wertebereich reicht auch hier von −1 bis 1. Positive Werte ab etwa 0,3 stehen nach Faustregel für ausreichende Trennschärfe.

Die folgenden Beispiele beziehen sich auf 32 Testpersonen, also je acht im oberen und im unteren Viertel. Der Übersichtlichkeit halber wird hier von Einfachwahlaufgaben ausgegangen, die mit je einem Punkt bewertet werden. Die Anzahl der Punkte entspricht also der Anzahl richtiger Lösungen.

Beispiel A: 20 Punkte insgesamt, Erfolgsquote 20 : 32 ≈ 0,63
7 Punkte im oberen Viertel, 3 im unteren Viertel
Trennschärfe = (7 − 3) : (7 + 3) = 4 : 10 = 0,40

Sehr kleine positive Werte weisen auf mangelnde Trennschärfe hin. Das ist u. a. bei sehr leichten Aufgaben der Fall, die von fast allen Testpersonen richtig gelöst werden.

Beispiel B: 30 Punkte insgesamt, Erfolgsquote 30 : 32 ≈ 0,94
8 Punkte im oberen Viertel, 7 im unteren Viertel
Trennschärfe = (8 − 7) : (8 + 7) = 1 : 15 ≈ 0,07

Aufgaben mit sehr hoher Erfolgsquote sind wenig trennscharf; im Extremfall kann die Trennschärfe sogar negativ sein. Testpersonen mit umfassendem Wissen können sich nicht vorstellen, dass die Aufgabe derart trivial ist, suchen nach versteckten Schwierigkeiten oder Fallen und kreuzen infolgedessen falsche Lösungen an. Oder ihnen unterlaufen Flüchtigkeitsfehler, weil sie nicht die Geduld aufbringen, eine offenbar simple Aufgabe vollständig und gründlich durchzulesen.

Beispiel C: 29 Punkte insgesamt, Erfolgsquote $29 : 32 \approx 0{,}91$

6 Punkte im oberen Viertel, 8 im unteren Viertel

Trennschärfe $= (6 - 8) : (6 + 8) = (-2) : 14 \approx -0{,}14$

Wenig trennscharf sind auch übermäßig schwierige Aufgaben, weil selbst Testpersonen mit sehr umfassendem Wissen gezwungen werden, Lösungen auf gut Glück anzukreuzen. Bei kleinen Testgruppen ist die Berechnung der Trennschärfe gar nicht sinnvoll – das Ergebnis wird zu stark durch die zufällige Verteilung einiger Glückstreffer beeinflusst.

Geringe Trennschärfe bei mittlerer oder niedriger Erfolgsquote kann auch durch fehlerhafte Aufgaben verursacht sein.

Beispiel 45 – fehlerhafte Einfachwahlaufgabe, 2 richtige Lösungen

Unter welchem Oberbegriff ist die Versicherungsteuer einzuordnen?

① Besitzsteuer

② Indirekte Steuer

③ Sondersteuer

④ Verbrauchsteuer

⑤ Verkehrsteuer

(Lösung: 2 und 5)

Beispiel 46 – mehrdeutig formulierte Einfachwahlaufgabe

Welche Frist gilt nach § 622 BGB für die Kündigung eines Arbeitsverhältnisses, das sechs Jahre bestanden hat?

① 4 Wochen

② 6 Wochen

③ 2 Monate

④ 3 Monate

⑤ 4 Monate

(Lösung: 1 oder 3)

→ Die Auswahlliste enthält mehr richtige Lösungsoptionen als angegeben, zum Beispiel zwei bei Einfachwahlaufgaben (vgl. Beispiel 45) oder drei bei Zweifachwahlaufgaben.

→ Die Aufgabe ist unklar oder mehrdeutig formuliert – je nach Verständnis der Aufgabenstellung wird die als richtig vorgesehene oder eine andere Lösungsoption gewählt. In Beispiel 46 ist nicht eindeutig zu erkennen, ob nach der Frist für die Kündigung durch den Arbeitnehmer (Option 1) oder durch den Arbeitgeber (Option 3) gefragt ist.

Geringe Trennschärfe sollte also immer Anlass sein, die jeweilige Aufgabe noch einmal kritisch zu überprüfen. Bei den gezeigten Beispielen lässt sich der Schaden nachträglich begrenzen, indem die zwei infrage kommenden Optionen gleichermaßen als richtige Lösungen berücksichtigt werden. Besser ist natürlich, solche Fehler schon vor Verwendung der Aufgaben zu erkennen und zu korrigieren.

10.5 Berechnungen mittels Tabellenkalkulation

Die Tabelle auf der folgenden Seite veranschaulicht die Berechnung von Erfolgsquoten und Trennschärfen mithilfe eines Tabellenkalkulationsprogramms. Sie enthält die Einzel- und Gesamtpunktzahlen von 24 Testpersonen (T01–T24) bei einem Test mit 20 Einfachwahlaufgaben (A01–A20). Die Testpersonen und ihre Punktzahlen wurden bereits mit dem Sortierwerkzeug des Programms von links absteigend nach den Gesamtpunktzahlen (Σ, Zeile 22) geordnet. Oberes und unteres Viertel sind der Übersichtlichkeit halber hellgrau unterlegt.

Erfolgsquoten (EQ), einfache Trennschärfewerte (TS) sowie unkorrigierte und korrigierte Trennschärfekoeffizienten (t und t_{korr}) sind in den vier rechts stehenden Spalten berechnet. Die Formeln auf der übernächsten Seite entsprechen den Schreibkonventionen der gängigen Tabellenkalkulationsprogramme (z. B. Microsoft Excel, LibreOffice Calc). Um Sie nicht für jede Tabellenzeile neu schreiben zu müssen, werden sie in der dargestellten Form in Zeile 2 eingetragen und in die darunter stehenden Zeilen 3 bis 21 kopiert. Bei den Trennschärfekoeffizienten ist der absolute Bezug auf Zeile 22 zu berücksichtigen ($\$$-Zeichen vor der Zeilennummer).

Tabelle 1 – Berechnung von Erfolgsquoten und Trennschärfen mittels Tabellenkalkulation (Beispiel)

	A	B	C	D	E	F	G	H	I	J	K	L	M	N	O	P	Q	R	S	T	U	V	W	X	Y	Z	AA	AB	AC
1		T09	T16	T02	T23	T01	T12	T10	T22	T24	T03	T19	T17	T14	T13	T05	T08	T18	T21	T06	T20	T11	T04	T07	T15	EQ	TS	t	t_{korr}
2	A01	1	1	1	1	1	1	1	0	1	1	1	1	1	0	1	1	1	1	1	1	0	1	0	1	0,83	0,20	0,26	0,17
3	A02	1	1	1	1	1	1	1	1	1	1	1	1	1	1	1	1	1	1	1	1	1	1	1	1	1,00	0,00	####	####
4	A03	1	1	1	1	1	1	1	1	1	1	1	1	1	1	1	1	1	1	1	0	1	1	1	1	0,96	0,09	0,21	0,15
5	A04	1	1	1	1	1	0	0	1	1	1	1	1	1	1	1	1	1	1	1	1	1	1	1	1	0,92	-0,09	-0,23	-0,30
6	A05	1	1	1	1	1	1	1	1	1	1	1	1	1	1	1	1	1	0	1	1	1	1	1	0	0,83	0,33	0,53	0,46
7	A06	1	1	1	1	1	1	1	1	1	1	1	1	1	0	1	1	0	0	1	1	1	0	1	0	0,79	0,20	0,51	0,42
8	A07	1	1	1	1	0	1	0	1	0	1	1	1	0	0	0	0	1	0	0	0	1	0	0	0	0,42	1,00	0,67	0,59
9	A08	1	1	1	0	1	1	1	1	1	0	0	1	0	0	1	0	1	0	0	0	0	0	1	0	0,46	0,67	0,47	0,35
10	A09	1	1	1	1	1	1	0	1	1	1	1	1	1	1	0	1	1	0	1	0	1	1	1	1	0,79	0,33	0,48	0,39
11	A10	1	0	1	0	1	0	0	0	0	0	0	0	0	1	0	0	0	0	0	0	0	1	0	0	0,17	0,33	0,16	0,06
12	A11	1	1	1	1	0	0	1	0	1	1	1	0	0	0	1	0	1	0	1	0	0	1	1	1	0,75	0,50	0,47	0,37
13	A12	1	1	1	1	1	1	0	1	0	1	1	0	0	1	1	1	0	0	1	0	0	0	0	0	0,54	0,71	0,62	0,52
14	A13	1	1	1	1	1	1	1	1	1	1	1	1	1	0	1	1	1	1	0	1	1	0	0	1	0,79	0,20	0,43	0,33
15	A14	1	1	1	1	1	1	1	0	1	1	1	0	1	1	0	0	0	0	1	1	1	0	0	0	0,63	0,71	0,75	0,68
16	A15	1	1	1	1	1	1	1	1	1	1	1	1	1	1	1	1	1	0	1	1	1	1	0	0	0,79	0,33	0,43	0,33
17	A16	1	1	0	1	1	1	0	0	0	1	0	1	0	1	0	1	0	0	0	1	0	0	1	0	0,63	0,43	0,49	0,38
18	A17	1	1	1	1	1	1	1	1	1	1	1	1	0	1	1	1	0	0	1	1	1	1	1	0	0,79	0,33	0,48	0,39
19	A18	1	1	1	1	1	1	1	1	1	1	0	1	1	1	0	0	0	0	0	0	0	0	0	0	0,71	0,50	0,69	0,61
20	A19	1	1	1	0	0	1	0	0	0	0	0	0	1	0	0	0	1	0	0	0	0	0	0	0	0,33	0,60	0,37	0,26
21	A20	1	1	1	1	1	0	0	1	0	1	1	0	0	1	1	0	1	0	0	0	1	0	0	0	0,54	0,67	0,51	0,39
22	Σ	20	19	18	18	17	17	16	16	16	16	15	15	14	13	12	12	11	10	10	10	9	9	8	7				

74

- → Erfolgsquote (*EQ*, Spalte Z):
  =SUMME(B2:Y2)/24 oder: =MITTELWERT(B2:Y2)
- → Einfacher Trennschärfewert (*TS*, Spalte AA):
  =(SUMME(B2:G2)-SUMME(T2:Y2))/SUMME(B2:G2;T2:Y2)
- → Unkorrigierter Trennschärfekoeffizient (*t*, Spalte AB):
  =KORREL(B2:Y2;B$22:Y$22)
- → Korrigierter Trennschärfekoeffizient (t_{korr}, Spalte AC):
  =KORREL(B2:Y2;(B$22:Y$22)-(B2:Y2))

Für Aufgabe A02 (Zeile 3) wird bei den Trennschärfekoeffizienten anstelle von Werten die Zeichenfolge #### oder #DIV0! angezeigt. Ursache: Gleiche Punktzahlen aller Testpersonen (hier: 1) führen bei der Berechnung zu einer Division durch Null, die mathematisch nicht definiert ist. Praktisch kann die Trennschärfe in diesem Fall mit Null angesetzt werden: Wenn alle Testpersonen die Aufgabe richtig gelöst haben, trägt sie nicht zur Differenzierung der Gesamtergebnisse bei.

Das gilt entsprechend für Aufgaben, die von keiner Testperson richtig gelöst wurden. In diesem Fall wird auch beim einfachen Trennschärfewert *TS* die Zeichenfolge #### oder #DIV0! angezeigt, weil sich der Divisor $0 + 0 = 0$ ergibt.

11 Das Glückstrefferproblem

11.1 Wahrscheinlichkeiten

Die Reliabilität von Multiple-Choice-Tests wird oft angezweifelt oder grundsätzlich infrage gestellt. Auch beim völlig wahllosen Ankreuzen würden durchweg einige richtige Lösungen getroffen – mit etwas Glück sei es sogar möglich, eine Prüfung ganz ohne Kenntnisse über den Prüfungsgegenstand zu bestehen.

Es dürfte zwar äußerst selten vorkommen, dass völlig unkundige Personen an Tests teilnehmen, denn auch ohne ernsthafte Vorbereitung sind ja zumindest bruchstückhafte Kenntnisse kaum zu vermeiden. Andererseits wäre aber die Verwendung von Multiple-Choice-Tests als Prüfungs- oder Klassenarbeiten nicht zu rechtfertigen, wenn es mehr als nur sehr geringe Wahrscheinlichkeiten gäbe, die Bestehensschwelle bzw. die Schwelle zum „Ausreichend" (Note 4; in der Sekundarstufe II fünf Punkte von 15 möglichen) allein durch Glückstreffer zu erreichen.

Tabelle 2 zeigt die prozentualen Wahrscheinlichkeiten von Glückstreffern für die wichtigsten Aufgabentypen. Die mittleren Ergebnisse

Tabelle 2 – Wahrscheinlichkeiten von Glückstreffern und mittlere Ergebnisse

Aufgabentyp		Vollständig richtig	Teilweise richtig			Mittl. Ergebnis (Punkte v. H.)
			3 Treffer	2 Treffer	1 Treffer	
Einfachwahl	Wahrscheinlichkeit (%)	20,00	—	—	—	
5 Lösungsoptionen	Bewertung (Punkte)	1,00	—	—	—	20,00
Zweifachwahl	Wahrscheinlichkeit (%)	3,57	—	—	42,85	
8 Lösungsoptionen	Bewertung (Punkte)	1,00	—	—	0,50	25,00
Dreifachwahl	Wahrscheinlichkeit (%)	1,79	—	26,79	53,57	
8 Lösungsoptionen	Bewertung (Punkte)	1,00	—	0,50	0,00	15,19
Vierfachwahl	Wahrscheinlichkeit (%)	1,43	22,86	51,42	22,86	
8 Lösungsoptionen	Bewertung (Punkte)	1,00	0,50	0,00	0,00	12,86
Vierfache Entsch.	Wahrscheinlichkeit (%)	6,67	26,67	40,00	26,67	
richtig/falsch	Bewertung (Punkte)	1,00	0,50	0,00	0,00	20,00
Freie Zuordnung	Wahrscheinlichkeit (%)	0,16	2,56	15,36	40,96	
4 Teilaufg., 5 Optionen	Bewertung (Punkte)	1,00	0,75	0,50	0,25	20,00

in der rechten Spalte ergeben sich durch Multiplikation der Wahrscheinlichkeiten mit den darunter stehenden Punktzahlen und ggf. Addition der Produkte. Bei Einfachwahl mit fünf Lösungsoptionen beträgt das mittlere Ergebnis also 20,00 · 1,00 = 20,00; bei Zweifachwahl mit acht Optionen 3,57 · 1,00 + 42,85 · 0,50 = 25,00. Die so berechneten mittleren Ergebnisse zeigen, wie viele Punkte von 100 möglichen im Mittel sehr vieler Versuche erreicht würden.

Berufliche Prüfungen sind bestanden, wenn mindestens 50 von 100 Punkten erreicht werden (Note 4, ausreichend); für die Note 5 (mangelhaft) sind mindestens 30 Punkte erforderlich. Die berechneten mittleren Ergebnisse liegen hier also sehr deutlich unter der Bestehensschwelle und sogar noch unter der Schwelle zur Note 5. Ankreuzen auf gut Glück ergibt im Durchschnitt sehr vieler Versuche die Note 6.

Das gilt auch noch für etwas niedriger angesetzte Schwellen, zum Beispiel 40 Punkte für Note 4 und 25 Punkte für Note 5. Die mittleren Ergebnisse aller Aufgabentypen liegen unter der Schwelle zum „Ausreichend", die Schwelle zum „Mangelhaft" wird bei Zweifachwahl genau getroffen, bei den anderen Aufgabentypen unterschritten.

Es ist aber nicht auszuschließen, dass in Einzelfällen deutlich höhere Punktzahlen als die mittleren Bewertungen erreicht werden. Tabelle 3 zeigt die Wahrscheinlichkeiten, beim zufälligen Ankreuzen von 20 Aufgaben gleichen Typs die Schwellen von 30, 40 bzw. 50 von 100 Punkten zu erreichen oder zu überschreiten.

Die Wahrscheinlichkeit von 50 oder mehr Punkten ist bei Einfachwahlaufgaben am höchsten, mit 0,259% (rund 1 : 386) aber immer

Tabelle 3 – Wahrscheinlichkeiten beim zufälligen Ankreuzen von 20 Aufgaben

| Aufgabentyp | Punktzahlen von 100 möglichen | | |
| | 30 oder mehr | 40 oder mehr | 50 oder mehr |
	Wahrscheinlichkeiten (%)		
Einfachwahl, 5 Lösungsoptionen	19,579	3,214	0,259
Zweifachwahl, 8 Lösungsoptionen	27,223	1,726	0,017
Dreifachwahl, 8 Lösungsoptionen	1,139	0,008	<0,001
Vierfachwahl, 8 Lösungsoptionen	0,313	0,001	<0,001
Vierfache Entscheidung richtig/falsch	10,441	0,567	0,009
Freie Zuordnung, 4 Teilaufgaben, 5 Optionen	2,167	0,003	<0,001

noch gering. Auch die 40-Punkte-Schwelle wird nur mit vergleichsweise geringer Wahrscheinlichkeit von 3,214 % (rund 1 : 31) erreicht oder überschritten. Etwas kritisch wird es erst bei der 30-Punkte-Schwelle mit Wahrscheinlichkeiten von fast 20 % (rund 1 : 5) bei Einfachwahl und etwas mehr als 27 % (rund 1 : 4) bei Zweifachwahl.

Wenn die Anzahl der Aufgaben größer ist, sind die entsprechenden Wahrscheinlichkeiten erheblich geringer. Bei 40 Einfachwahlaufgaben wird die 50-Prozent-Schwelle mit einer Wahrscheinlichkeit von nur 0,002 % (1 : 50 000) erreicht oder überschritten. Für die 40-Prozent-Schwelle beträgt diese Wahrscheinlichkeit 0,294 % (rund 1 : 340), für die 30-Prozent-Schwelle 8,750 % (rund 1 : 11).

Der Klarheit halber: Es ist nicht unmöglich, durch Ankreuzen auf gut Glück eine Prüfung zu bestehen oder in einer Klassenarbeit die Note 4 zu erreichen. Die Wahrscheinlichkeiten sind aber einigermaßen gering. Es ist sogar möglich, auf diese Weise alle Aufgaben eines Tests richtig zu lösen – bei zwanzig Einfachwahlaufgaben mit je fünf Lösungsoptionen allerdings nur mit der Wahrscheinlichkeit von rund einem billionstel Prozent (0,000 000 000 001 %).

Nach allem sind also die Wahrscheinlichkeiten, dass vollständig kenntnislose Testpersonen durch Ankreuzen aufs Geratewohl eine Prüfung bestehen oder in einer Klassenarbeit ein „Ausreichend" erhalten, vernachlässigbar gering. Auch die Wahrscheinlichkeiten, die Note 5 anstelle der sachlich zutreffenden Note 6 zu erreichen, erscheinen nicht besorgniserregend hoch.

11.2 Bestehens- und Notenschwellen

Wie bereits erwähnt, ist das Szenario völlig kenntnisloser Testpersonen, die alle Lösungen aufs Geratewohl auswählen, nicht allzu realistisch. Auch mäßig Kundige versuchen normalerweise, die Aufgaben anhand ihrer Kenntnisse und Fähigkeiten zu lösen. Dabei bleiben oft einige Aufgaben übrig, zu denen ihnen absolut nichts einfällt und bei denen sie die Lösungen auf gut Glück wählen.

Wer sich aus eigener Kraft sehr nahe an die Bestehensschwelle oder eine Schwelle zur nächstbesseren Benotung herangearbeitet hat, ergattert auf diese Weise mit recht hoher Wahrscheinlichkeit einen oder zwei zusätzliche Treffer und damit das „Bestanden" oder die bessere Note. Bei fünf Einfachwahlaufgaben mit je fünf Lösungsoptionen beträgt die Wahrscheinlichkeit, einen oder mehrere Glückstreffer zu landen, immerhin 67,2 % (rund 2 : 3). Zwei oder mehr Glückstreffer werden mit der Wahrscheinlichkeit 26,3 % (rund 1 : 4) erreicht. Bei zehn Einfachwahlaufgaben beträgt die Wahrscheinlichkeit mindestens eines Treffers sogar 89,3 % (rund 8 : 9); mindestens zwei und mindestens drei werden mit Wahrscheinlichkeiten von 62,4 % (rund 5 : 8) bzw. 32,2 % (rund 1 : 3) erreicht.

Knappes Verfehlen oder Erreichen eines Schwellenwerts ist allerdings auch bei Tests mit ungebundenen Aufgaben möglich. Hier hängen die Ergebnisse vor allem davon ab, wie die auswertenden Personen ihre Ermessensspielräume nutzen. Wohlwollende Auswerter(innen) suchen und finden die wenigen fehlenden Punkte, indem sie zum Beispiel uneindeutige Formulierungen zugunsten der Testpersonen interpretieren oder gute, sachlich zutreffende Ansätze in insgesamt fehlerhaften Lösungen entdecken.

Denkbar sind auch Glückstreffer, deren Wahrscheinlichkeiten aber nicht quantifizierbar sind. Wer eine Kurzlösungsaufgabe nicht sicher lösen kann, hat möglicherweise einige halbwegs plausibel erscheinende Ideen im Kopf und entscheidet sich auf gut Glück für eine davon. Wenn bei umfangreicheren Lösungstexten das nötige Wissen fehlt, können thematisch halbwegs passende, in sich schlüssige Aussagen niedergeschrieben werden. Wer rasch und flüssig formulieren kann, hat recht gute Aussichten, auf diese Weise einige „Trostpunkte" für teilweise richtige Lösungen oder zumindest „gute Ansätze" zu sammeln. Erheblich schlechter sind die Chancen für Testpersonen, die selbst sicheres Wissen nur mit großer Mühe zu Papier bringen.

Schließlich sollte auch nicht vergessen werden, dass Schwellenwerte durchaus fragwürdig sind – unabhängig von der Art der Aufgabenstellung. Für die Bestehensschwelle von zum Beispiel 50 von 100 möglichen Punkten gibt es keine zwingenden, unwiderlegbaren Argumente. Für die 50-Punkte-Schwelle spricht nur, dass sie so schön in der Mitte liegt und in vielen Prüfungen seit langer Zeit angewandt wird. Ob aber eine Testperson mindestens die Hälfte der gestellten Aufgaben lösen kann, hängt nicht allein von ihren Kenntnissen und Fähigkeiten ab, sondern auch von der Schwierigkeit der Aufgaben.

11.3 Eliminierung von Glückstreffern?

Es gibt einige rechnerische Verfahren zur Eliminierung von Glückstreffern bei der Aus- oder Bewertung von Multiple-Choice-Tests. Hier sollen nur die zwei wichtigsten kurz dargestellt und diskutiert werden: Erhöhung der Bewertungsschwellen und Auswertung mit Punktabzug.

→ Erhöhte Bestehens- und Notenschwellen sollen die durch Glückstreffer erzielten Punkte kompensieren. Tabelle 4 zeigt die einheitlichen Schwellenwerte in beruflichen Prüfungen, gültig sowohl für ungebundene als auch für Multiple-Choice-Aufgaben. Die daraus entwickelten erhöhten Schwellenwerte beziehen sich auf Multiple-Choice-Tests, die ausschließlich Aufgaben mit 20 % Glückstrefferwahrscheinlichkeit enthalten, also zum Beispiel Einfachwahlaufgaben mit fünf Lösungsoptionen. Um die jeweilige Erhöhung zu berechnen, wird die Differenz aus 100 Punkten und dem originären Schwellenwert mit der Glückstrefferwahrscheinlichkeit (hier 20 %) multipliziert (siehe rechte Spalte in Tabelle 4). Bei Aufgaben mit höherer oder geringerer Glückstrefferwahrscheinlichkeit wird entsprechend gerechnet. Für Tests mit mehreren Aufgabentypen werden gewichtete Mittelwerte gebildet.

→ Bei Auswertung mit Punktabzug wird für jede falsch gelöste Aufgabe ein Punktbruchteil abgezogen; unbearbeitete Aufgaben werden mit null Punkten neutral behandelt. Die Höhe des Punktabzugs ergibt sich, indem die Wahrscheinlichkeit einer zufällig richtigen Lösung durch die Wahrscheinlichkeit einer zufällig falschen Lösung dividiert wird, bei Einfachwahlaufgaben mit fünf Optionen also

Tabelle 4 – Notenschwellen in berufl. Prüfungen, erhöhte Schwellen für MC-Tests [1]

Bewertung	Schwellenwert (Punkte von 100)		
	originär	erhöht	Berechnung der erhöhten Werte
1 (sehr gut)	92	94	$92 + (100 - 92) \cdot 20\% : 100\% = 93{,}6$
2 (gut)	81	85	$81 + (100 - 81) \cdot 20\% : 100\% = 84{,}8$
3 (befriedigend)	67	74	$67 + (100 - 67) \cdot 20\% : 100\% = 73{,}6$
4 (ausreichend)	50	60	$50 + (100 - 50) \cdot 20\% : 100\% = 60{,}0$
5 (mangelhaft)	30	44	$30 + (100 - 30) \cdot 20\% : 100\% = 44{,}0$

[1] Aufgaben mit 20 % Glückstrefferwahrscheinlichkeit

20 % : 80 % = 0,25. Wer Aufgaben auf gut Glück ankreuzt, landet im Mittel sehr vieler Versuche bei null Punkten, denn auf jeden Treffer (1 Punkt) entfallen vier Nieten ($-0,25 \cdot 4 = -1$ Punkt). Erhöhte Schwellenwerte implizieren die Annahme, dass falsche – und absurderweise auch fehlende – Lösungen ausnahmslos durch erfolgloses Ankreuzen auf gut Glück entstehen. Die naheliegende Möglichkeit, dass Testpersonen Fehler machen, also Distraktoren irrtümlich oder versehentlich als richtige Lösungen kennzeichnen, ist gar nicht vorgesehen. Bei zum Beispiel 60 erreichten Punkten wird einfach unterstellt, dass die 40 fehlenden Punkte ausnahmslos auf erfolgloses Ankreuzen auf gut Glück zurückzuführen sind. Daraus ergibt sich im Umkehrschluss, dass 10 der erreichten 60 Punkte unverdiente Glückstreffer sein müssen.

Die Reliabilität von Multiple-Choice-Tests wird durch erhöhte Bewertungsschwellen nicht verbessert. Denn weder ist im Einzelfall die Anzahl der auf gut Glück angekreuzten Aufgaben feststellbar, noch lässt sich berücksichtigen, wie viel Glück oder Pech die einzelne Testperson dabei hatte. Eine Glückstrefferwahrscheinlichkeit von zum Beispiel 20 % bedeutet ja nicht, dass alle Testpersonen beim wahllosen Ankreuzen von fünf, zehn oder zwanzig Aufgaben genau einen, zwei bzw. vier Treffer landen.

Auch das Abzugsverfahren kann nicht zwischen Fehlern beim aktiven Bemühen um richtige Lösungen und erfolglosem Ankreuzen auf gut Glück unterscheiden – beides führt zum Punktabzug. Ankreuzen auf gut Glück mag zwar weniger attraktiv erscheinen, da es zum Punktabzug führen kann, während für den Verzicht eine sichere Null angeboten wird. Dieser Vorteil wird jedoch mit Nebenwirkungen erkauft: Selbsteinschätzung und Risikobereitschaft der Testpersonen beeinflussen ihre Testergebnisse. Wer eine Aufgabe nicht lösen kann oder die Lösung zwar zu kennen meint, dabei aber ein etwas unsicheres Gefühl hat, muss eine Risikoabwägung vornehmen und sich für mehr oder minder riskantes Ankreuzen oder sichere Null entscheiden.

Das Abzugsverfahren dürfte die Reliabilität von Multiple-Choice-Tests zwar geringfügig verbessern, weil informierte Testpersonen seltener auf gut Glück ankreuzen. Dieser kleine Vorteil wird aber durch einen Verlust an Validität erkauft, weil Selbsteinschätzung und Risikobereitschaft der Testpersonen in ihre Ergebnisse einfließen.

11.4 Konsequenzen

Die Gefahr, dass völlig kenntnislose Testpersonen allein durch Glückstreffer eine Prüfung bestehen oder die Note 4 erreichen, ist vernachlässigbar gering. Nicht auszuschließen ist aber, dass Glückstreffer im Einzelfall zum Erreichen einer Bewertungsschwelle beitragen, die sonst knapp verfehlt würde. Um diese Möglichkeit auf ein vertretbares Maß zu begrenzen, sollte das mittlere Ergebnis beim zufälligen Ankreuzen bei keiner Aufgabe über 25 und beim überwiegenden Teil der Aufgaben eines Tests nicht über 20 von 100 Punkten liegen (vgl. Tabelle 2 auf Seite 76).

Die Zahl der Lösungsoptionen muss also ausreichend groß sein – mindestens fünf bei Einfachwahlaufgaben und mindestens acht bei Zweifachwahlaufgaben. Entscheidend ist nicht nur die Anzahl, sondern auch die Qualität: Die Wahrscheinlichkeit von Glückstreffern darf nicht durch abwegige, auf den ersten Blick ausschließbare Distraktoren erhöht werden. Wenn Einfachwahlaufgaben zum Beispiel nur zwei plausible Distraktoren anbieten, beträgt die Wahrscheinlichkeit mindestens eines Glückstreffers aus fünf Aufgaben bereits 86,3 % – anstelle von 67,2 % bei vier plausiblen Distraktoren. Zwei oder mehr Treffer werden mit einer Wahrscheinlichkeit von 53,9 % anstelle 26,3 % erreicht.

Modifizierte Aus- oder Bewertungsverfahren bringen keine erkennbaren Vorteile. Die kleine Verbesserung der Reliabilität beim Abzugsverfahren geht zu Lasten der Validität. Erhöhte Bestehens- und Notenschwellen verbesssern noch nicht einmal die Reliabilität. Sie verringern nur die Chance, eine Prüfung zu bestehen oder eine gute Benotung zu erreichen – unabhängig davon, ob die jeweilige Testperson überhaupt Lösungsoptionen auf gut Glück angekreuzt hat oder nicht.

12 Zum Schluss

Hohe Aufgabenqualität ist machbar – mit etwas Übung dürfte auch der zeitliche Mehraufwand nicht übermäßig groß sein. Perfektion ist wahrscheinlich nicht immer zu erreichen, aber auch gar nicht erforderlich. Zwei oder drei unzureichend fokussierte Aufgaben oder einige wenige schwache Distraktoren machen einen Aufgabensatz mit ansonsten hoher Qualität nicht unbrauchbar.

Wenn die Qualität stimmt, sind auch Glückstreffer kein Problem. Sie lassen sich zwar nicht vollständig ausschließen, schränken aber die Reliabilität von Multiple-Choice-Tests nur unwesentlich ein, solange ihre Wahrscheinlichkeit nicht durch inhomogene Lösungsoptionen, geschenkte Distraktoren oder andere Cues erhöht wird.

Wichtiges Hilfsmittel zur Sicherung und Steigerung der Aufgabenqualität ist die regelmäßige Evaluation. Erfolgsquote (Schwierigkeitsgrad) und Trennschärfe sind gute Indikatoren, ob eine Aufgabe funktioniert. Gegebenenfalls signalisieren sie unangemessen hohe oder geringe Schwierigkeit und andere Fehler oder Mängel, zum Beispiel unbeabsichtigte Cues oder Fallen, geschenkte Distraktoren, mehrdeutige Fragestellungen oder zu viele richtige Lösungsoptionen. Die Evaluationsergebnisse sind ein Erfahrungsschatz, der zur Sicherung und kontinuierlichen Erhöhung der Aufgabenqualität beiträgt.

Die Entwicklung guter Multiple-Choice-Aufgaben stößt also weder auf unüberwindbare Schwierigkeiten noch birgt sie irgendwelche Geheimnisse. In beruflichen Prüfungen werden Multiple-Choice-Aufgaben schon seit etwa fünfzig Jahren eingesetzt – ausreichend Zeit, um Erfahrungen zu sammeln, anfängliche Fehler und Mängel zu beseitigen und dauerhaft hohes Qualitätsniveau zu sichern.

Warum aber gibt es immer noch Multiple-Choice-Aufgaben mit zweifelhafter Qualität? Die Negativbeispiele in diesem Buch habe ich zwar selbst formuliert – frei erfunden sind jedoch nur wenige. Aufgaben aus beruflichen Prüfungen und Übungsbüchern zur Prüfungsvorbereitung haben mir zahlreiche Anregungen geliefert.

Autorinnen und Autoren von Übungsbüchern dürften sich durchweg an Prüfungsanforderungen orientieren – die Qualität ihrer Aufgaben ist damit ähnlich gut oder schlecht wie die Aufgabenqualität in den entsprechenden Prüfungen. Umgekehrt dürften Entwicklerinnen und Entwickler von Prüfungsaufgaben gelegentlich zu Übungsbüchern greifen, um Anregungen für ihre Arbeit zu finden. Damit ist der Kreis dann geschlossen – Entwickler(innen) von Prüfungsaufgaben und Autor(inn)en von Übungsbüchern bestätigen sich auf diese Weise gegenseitig, auf dem richtigen Weg zu sein. [1] [2]

Unzureichende Aufgabenqualität schränkt die Validität jedes Tests ein – unabhängig von der Form der Aufgaben. Kritik an der zweifelhaften Qualität mancher Multiple-Choice-Aufgaben ist berechtigt und notwendig. Dabei sollte aber nicht vergessen werden, dass auch ungebundene Aufgaben nicht in jedem Fall oder gar automatisch hohe Qualität haben. Ihre Entwicklung ist zwar nicht ganz so aufwendig, weil ja keine Lösungsoptionen erforderlich sind. Hohe Qualität ergibt sich jedoch hier wie dort nicht von selbst, sondern muss erarbeitet und regelmäßig überprüft werden.

---

[1] An dieser Rückkopplung bin ich selbst als Autor beteiligt; vgl. WISO-TEAM, WiSo-Training nach den aktuellen KMK-Elementen, Prüfungsbuch Wirtschafts- und Sozialkunde für gewerblich-technische Berufe, 3. Auflage, Itzehoe 2014.
Auch in dieses Übungsbuch wurden Aufgaben aufgenommen, die meinen Anforderungen nicht in allen Punkten genügen. Allerdings nicht aufgrund mangelnder Fähigkeit oder aus Desinteresse, bessere Aufgaben zu entwickeln, sondern um das Versprechen wirkungsvoller Prüfungsvorbereitung einzulösen. Wer ein solches Buch erwirbt und durcharbeitet, erwartet zu Recht Übungsaufgaben in Art, Qualität und Schwierigkeit von Prüfungsaufgaben.

[2] Gelegentlich hat die übereinstimmende Qualität der Aufgaben in Prüfungen und Übungsbüchern einen noch trivialeren Grund: Entwickler(innen) von Prüfungsaufgaben und Autor(inn)en von Übungsbüchern sind dieselben Personen.

Zeitfracht Medien GmbH
Ferdinand-Jühlke-Straße 7
99095 Erfurt, Deutschland
produktsicherheit@kolibri360.de